上海市虹口区人民检察院

检察官
新时代 新担当 新作为
优秀案(事)例选编

（第三辑）

孙军◎主编

中国法制出版社
CHINA LEGAL PUBLISHING HOUSE

序 Preface

为全面贯彻习近平法治思想，深化落实《中共中央关于加强新时代检察机关法律监督工作的意见》，加快推进最高人民检察院确定的“质量建设年”工作目标，全力推动政治建设、业务建设、职业道德建设全面高质量发展，更好为大局服务、为人民司法，上海市虹口区人民检察院持续打造“检察官担当”品牌，并在深化司法体制改革中不断赋予新内涵，引导和激励全院检察干警在办案中求极致，在监督中铸品牌，恪守客观公正立场，做到法理情相统一，坚持能动履职，强化诉源治理，着力提升新时代法律监督质效，争做“有灵魂、有本领、有担当、有温度”的新时代检察官。

上海市虹口区人民检察院在全市率先出台《关于激励检察官新时代新担当新作为的实施意见》，并研究制定《求

办案极致工作指引》《铸监督品牌实施意见》，鼓励检察官敢于办大案、善于办好案，勇于承担社会责任，勇于自我加压，2018 年以来已开展了四届检察官新时代新担当新作为优秀案(事）例评审展示活动，明确了善于分析研判、敢于坚持己见，善于沟通说服、敢于较真碰硬，善于宣教普法、敢于面向社会公众的担当标准，挖掘了一批在办案履职过程中，勇挑重担、敢于发声、善于负重前行的典型代表人物和优秀案（事）例。

一个案例胜过一打文件，优秀案（事）例是检验案件质量的标尺，是折射案件效果的“镜子”。为进一步加强对优秀案（事）例的总结和推广，上海市虹口区人民检察院将入围第四届检察官新时代新担当新作为优秀案（事）例评审会的典型案（事）例进行修改完善，并集结成册。这些典型案（事）例聚焦院公益诉讼、金融、知产、“一老一少”双子星座（老年人和未成年人司法保护）、服务保障优化营商环境等重点领域，同时也涵盖了上海市首例直播售假刑事案件、上海市首例支持起诉大学生消费维权案以及上海市虹口区首例涉案金额超百亿元的涉私募基金型非法集资案等具有一定社会影响力的典型案件，充分体现了全院检察官忠于职守、敢于碰硬、勇于负责、善于作为的担当精神。

优秀案（事）例的出版，既是对过去一年检察官在司法办案、检察改革及各项重点工作中取得突出成绩的肯定，也勉励着全院检察干警立足岗位、忠诚履职，用心用情办好每一个案件，能动积极回应人民群众法治关切，努力把“求办案极致”转化为内在职业追求，切实发挥引领社会主义核心价值观的独特作用，继续当好社会公平正义的“看门人”。全院检察干警将继续主动作为、履职担责，为助力打造“上海北外滩、浦江金三角”贡献检察力量。

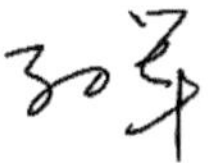

上海市虹口区人民检察院党组书记、检察长

2022 年 3 月

目录 Contents

做优刑事检察

推进公益诉讼

加强法律监督

优化营商环境

探索特色工作

做优刑事检察

重罪案件羁押听证，彰显检察温度和力量

——探索重罪案件羁押听证，有效降低诉前羁押率

◆ 关键词

重罪案件 羁押听证 诉前羁押率

◆ 工作情况

为督促公安机关依法准确适用刑事强制措施，有效降低捕后判轻缓刑、免予刑事处罚率和诉前羁押率，提升办案质效，上海市虹口区人民检察院（以下简称虹口区检察院）于2021年下半年积极探索重罪案件羁押听证，在办理涉毒品、枪支以及重大责任事故案件中召开逮捕必要性听证会。听证会采取与看守所网络连线方式举行，邀请市人民监督员、区人大代表、政协委员及侦查人员、案件当事人参加。检察官在听证会前全面透彻了解案情，拟定详细的听证提纲，确保听证有理有据；在听证会上就案件争议点、具体证据情况以多媒体示证

方式详细介绍案件，参与人就案件争议问题进行询问，听证员在休会讨论后充分发表评议意见；听证会后，虹口区检察院积极开展后续监督工作，进一步延伸听证效果，积极促成案结事了，确保案件办理取得良好的政治效果、社会效果和法律效果。

◆ 工作机制

检察听证是检察机关能动履行法律监督职能，提升案件办理质效的重要举措，也是检察机关践行“阳光司法”“努力让人民群众在每一起司法案件中感受到公平正义”的重要方式。最高人民检察院先后出台《人民检察院审查案件听证工作规定》《人民检察院羁押听证办法》等规范性文件，对检察听证工作作出了明确规定。为充分展现检察担当和司法文明，全面贯彻落实《中共中央关于加强新时代检察机关法律监督工作的意见》，虹口区检察院履职尽责，积极探索重罪案件羁押听证工作。

一、全面审查案情，扎实推进重罪案件羁押听证工作

组织重罪案件羁押听证是为了积极回应案件办理过程中法理、社情和民意的需求，更加客观、准确认定事实、适用法律，追求更好的办案效果。对案情的全面审查、邀请合适的听证员是开展听证工作的先决条件。检察官在开展听证工作前将全面审查案件证据情况，梳理案件事实。在司法实务中，特别是对重罪案件的侦查往往更加注重对犯罪事实的固定，经常会忽视对犯罪嫌疑人社会危险性大小的证据收集工作。检察官在审查重罪案件时，除了对案件事实全面审查，更加注重引导侦查机关全面收集犯罪嫌疑人社会危险性大小的证据材料，必要时在全面评估犯罪嫌疑人辩解及自行补充侦查可行性的前提下，主动作为，有针对性地收集社会危险性证据，弥补侦查机关取证不足，确保在听证会前全面收集证据、了解案情、准确把握分歧焦点。同时，跨学科、跨领域的思想碰撞会引导整个案件向更多维度、更深层次探索。在全面审查案情后，虹口区检察院根据案件的实际情况邀请合适的听证员，在听证会开始前通过电话提前与听证员就案情进行沟通，避免听证员因不了解案情而无法充分发表意见，从而为听证问题提供更多元的解决方案。

二、规范听证程序，以程序正义促实体公正

鉴于重罪案件的疑难、复杂以及社会关注度高等问题，对该类案件开展羁押听证更要注意各环节程序规范、工作细致。一是检察官统筹把控听证方向。检察官在听证会前拟定详细的听证提纲，引导听证活动始终聚焦听证的争议问题展开。检察官在听证活动中要让听证员全面了解案件证据情况以及双方的理由，据以提出评议意见。检察官在把控听证重点焦点的基础上，要让各方把意见、观点讲清楚。案情较为复杂的，要给予听证员与当事人更多的互动问答时间，确保参会各方全面了解案件情况和问题症结。对不让当事人充分发表观点或干预听证员独立评议的行为及时予以制止。二是听证会中强化示证程序。虹口区检察院在对重罪案件羁押听证进行探索的过程中，不断强化示证程序，努力以更规范化的程序保障听证效果。针对犯罪嫌疑人的犯罪行为、主观明知、社会危险性等方面，检察官以多媒体示证方式详细介绍证据情况，当事人或其法定代理人、诉讼代理人、辩护人在听证会现场有针对性地进行举证、质证，切实保障当事人的诉讼权利，使当事人更加信服，保证听证

质效。三是认真听取评议意见。听证员在休会讨论后充分发表评议意见，每位听证员的意见都将记录在案。针对最终评议意见和当事人的表态发言，检察官认真研究后作出是否羁押结论，并采用通俗易懂的方式向案件当事人及听证员告知听证结论及理由，有效增强人民群众对案件办理结果的信服度。

三、跟踪督促，延伸羁押听证质效

听证工作不仅在于讨论、发表意见，更要抓紧落实后续的监督工作。案件经过羁押听证后，多方意见让犯罪嫌疑人充分认识自身行为的危害，真心悔过，从而实现刑罚惩教结合之目的。同时，虹口区检察院积极向公安机关说明听证结论及理由，对办理案件过程中的法律认识和适用分歧及时研讨沟通，有利于公安机关和检察院在办案过程中互相配合、互相监督。对于在听证过程中发现的社会治理薄弱环节和突出问题，积极向有关部门提出检察建议，如向在生产管理中存在问题的单位制发检察建议，助推安全生产风险防范，维护人民群众生命、财产安全；结合“七号检察建议”对寄递行业的规范和监管提出检察建议，为寄递安全筑牢屏障。虹口区

检察院从重罪案件羁押听证出发，不断延伸检察职能，确保案件办理质效。

◆ 工作设想

《中共中央关于加强新时代检察机关法律监督工作的意见》明确提出“引入听证等方式审查办理疑难案件”。重罪案件羁押听证有助于检察机关全面听取各方意见，促使检察人员更加准确认定事实、规范办案，又有利于降低诉前羁押率，传递检察温度。为更好探索重罪案件羁押听证工作，虹口区检察院将立足检察职能，着力提升重罪案件羁押听证能力水平。一是加强重罪案件羁押听证理论研究。紧紧围绕实践探索过程中发现的难点、堵点问题，深入研究理论基础，加强与专家学者的协作配合，形成重罪案件羁押听证的特有规律，不断完善该类案件羁押听证的理论研究工作。二是不断创新听证方式。对于社会影响较大、具有典型意义的重罪案件可以同步采取线上直播方式，用鲜活案例增强听证的普法教育效果；对于因客观影响或地域因素当事人无法至现场进行听证的案件，探索开展异地网上听证的方式，切实保障当事人的合法权益。三是积极完善听证员库建设。邀请合适的听证员是保障听证有序规范进行的基础，为进一步落实重罪案件羁押听证工作，需不断建立完善听证员的聘任、培训以及选取等配套机制，结合重罪案件特点有针对性地进行培训，不断提升听证员的履职能力，为每一起重罪案件选配最合适的听证员。

◆ 工作札记

杀人抢劫等重罪案件，事实清楚，证据充分，往往第一反应就是要捕！重罪案件逮捕率、诉前羁押率能降吗？怎么降？既然各方阻力大，我们就把人民群众、当事人、公安机关“请进来”，把办案过程“晒出来”，积极探索重罪案件羁押听证，“开门办案”，让公平正义经得起围观和质疑。

事不证不明，能怎么证？只有吃透案情，召开听证会，检察官心里才有底。只有讲清案情，听证员才能真正参与讨论。张某某走私毒品案中，犯罪嫌疑人辩称从境外购买的系精神药品，为助性遂对其女友使用；辩护人也提出同类案件大多数被判处拘役或缓刑，社会危险

性较小。七天时间里检察官仔细审阅了全部案卷材料，审查了张某某手机中的几千条数据；第一时间向证人核实服用迷药等案件情况；调取物流信息、交易流水、就诊记录等五项证据材料，三次就毒品成分含量等问题咨询鉴定机构。全面透彻了解案情，准确把握分歧焦点。检察官在听证会前拟定详细的听证提纲，针对犯罪嫌疑人的走私行为、主观明知、社会危险性等方面以多媒体示证方式详细介绍证据情况，当事人及辩护人就上述几方面进行举证质证以及辩论（充分发表意见），将证据一一“摆”在人民监督的“聚光灯”下。“这是我第一次参加毒品类重罪案件听证会，各方证据、观点展示得很清晰……”其中一位听证员这样说。最终，虹口区检察院经听证依法对张某某批准逮捕。

兼听则明，要怎么听？为让各方聚在一起，我们广泛邀请来自医疗、教育等各行各业的听证人员，熟悉案情的承办警官也来到检察听证室；我们联合技术部门采取与看守所网络连线的方式，把检察听证室“搬”到犯罪嫌疑人面前。刘某某非法买卖枪支案件中，检察官在听证会上积极引导听证各方将重点聚焦在该案的社会危险性上，让各方把意见、观点讲清楚。犯罪嫌疑人辩解其以收藏为目的购买的两支火铳确系清代古董。辩护人提出刘某某从正规注册平台上购买火铳用于收藏，在长达五年时间里从未作其他用途，社会危险性相对较小。但公安民警提出，以火药为动力的枪支比气体危险性更大，一旦流入不法分子手中后果将不堪设想。据此，听证员就刘某某在冷兵器协会任职情况、收藏习惯、枪支状态及用途等方面与犯罪嫌疑人进行互动问答，就火铳鉴定问题向公安机关进行咨询，确保全面了解案件情况。3 名听证员在休会讨论后充分发表评议意见，同意对其相对不捕。这堂生动的法治课让司法机关有法能释，听证员有感能问，当事人有理能辩，以看得见、听得懂、感受得到的方式实现公平正义。

案结事了，该怎么结？听证能不能取得预期效果，不仅在于听证中的几个小时，更要在听证后的跟踪工作中下功夫。针对王某某重大责任事故案中的赔偿问题，我们积极促成双方和解，有效解开当事人的“法结、心结、情结”；针对刘某某非法买卖枪支案中通过网络平台交易枪支，我们积极向涉案古玩平台提出建议，完善

交易商品审核制度，认真核实，堵住违禁品网上交易漏洞；针对张某某走私毒品案中利用快递寄递违禁品，我们召开新闻发布会，对寄递行业的规范和监管提出建议，为寄递安全筑牢屏障。

公平正义是执法司法工作的生命线，要坚持以法为据、以理服人、以情感人。使命不止，初心未改，做好重罪案件羁押听证的“听”“证”“结”，让公平正义可见可感，我们必将全力以赴，勇往直前。

事例撰写单位：上海市虹口区人民检察院第二检察部

杨某、张某等四十余人非法利用信息网络案

——为斩断网络犯罪产业链贡献检察力量

◆ 关键词

提前介入 追捕追诉 认罪认罚 追赃挽损 检察建议

◆ 要旨

网络犯罪一直以来查处难度极大，一个重要原因就是其产业化的特征。网络犯罪流程被精细化拆分，形成规模庞大的地下产业链。为有效打击网络犯罪，必须对其产业链上下游犯罪予以重拳出击。在这一过程中，检察机关要充分发挥法律监督职能，通过提前介入、引导取证、追捕追诉等方式对网络犯罪分子的抓捕及后续处理提供检察智慧。

◆ 基本案情

2020年11月起，杨某和张某先后在四川省成都市

租赁多处场所作为办公地点，各自招募20余人担任组长和业务员，为从事股票投资类电信网络诈骗的人员设立微信群，形成组织严密、层级分明的专业引流团队。他们从上家熊某、李某等人处接受委托并获取微信群二维码，由组长带领业务员冒充证券公司客服拨打客户电话，使用电话话术单以专业股票分析师指导投资为名，引诱客户加入所谓的股票交流微信群，当入群客户人数达到上家要求后，便出售给上家谋利，再通过上述方法着手设立新的微信群。经查，两个引流团伙设立用于实施诈骗的微信共计50余个，上述微信群涉及电信网络诈骗被害人13名，被骗金额共计人民币690余万元。

◆ 检察机关履职过程

2021年3月25日，上海市公安局虹口分局（以下简称虹口公安分局）接到被害人徐某报案。2021年4月1日，虹口公安分局以徐某被骗案对本案立案侦查。2021年4月8日，虹口公安分局将邵某抓获归案，后提请虹口区检察院审查逮捕。虹口区检察院经审查，发现邵某仅是专业引流团伙的一名底层业务员，该团伙活动于四川成都，且有多个犯罪窝点，遂向虹口公安分局提出进一步抓捕该团伙核心成员的侦查意见。2021 年 5 月，虹口公安分局对张某等 49 名犯罪嫌疑人刑事拘留。后虹口区检察院成立办案组对本案提前介入，就可能涉嫌的罪名和取证方向与虹口公安分局充分沟通，引导该局通过调取手机内的聊天记录及电脑内的电子表单等数据，锁定各犯罪嫌疑人的定案依据，并要求该局积极查找关联被害人。2021 年 6 月，虹口公安分局对上述 49 名犯罪嫌疑人分 7 个案件集中提请虹口区检察院审查逮捕。后虹口区检察院对张某等 40 名犯罪嫌疑人批准逮捕，并对尚未到案的一名引流团伙负责人杨某予以追捕。2021 年 9 月 2 日，虹口公安分局将杨某抓获并提请虹口区检察院审查逮捕。2021 年 9 月 10 日，虹口区检察院对杨某批准逮捕。

2021 年 9 月 15 日，虹口公安分局对杨某、张某等 44 名犯罪嫌疑人以涉嫌非法利用信息网络罪分 4 个案件集中向虹口区检察院移送审查起诉。2021 年 10 月 14 日，虹口区检察院对邵某作出相对不起诉决定；次日，对杨某、张某等 43 名犯罪嫌疑人以非法利用信息网络罪集中

提起公诉并提出精准量刑；同时对杨某的上家熊某予以追诉。2021 年 11 月 9 日至 10 日，上海市虹口区人民法院（以下简称虹口区法院）对本案集中审判，并全部采纳虹口区检察院的指控和量刑建议，杨某、张某等 43 名被告人分别被判处拘役六个月至有期徒刑二年不等的刑罚。2021 年 12 月 6 日，虹口公安分局对虹口区检察院追诉的熊某移送审查起诉。2021 年 12 月 30 日，虹口区检察院以非法利用信息网络罪对熊某提起公诉并提出精准量刑。2022 年 1 月 19 日，虹口区法院采纳虹口区检察院的指控和量刑建议，一审判处熊某有期徒刑一年零九个月。①

◆ 典型意义

检察机关的法律监督职能在保障刑事诉讼的顺利进行中起到不可或缺的重要作用。检察机关灵活运用提前介入、追捕权、追诉权、起诉权、量刑建议权、检察建议等检察权，有利于司法机关进一步规范执法办案，有利于进一步查清案件事实和完备证据，有利于进一步弥

① 本判决为终审判决，现已生效。

补和修复破损的社会关系。本案是一起网络犯罪产业链上游引流团伙的非法利用信息网络案。检察权的充分行使贯穿了该案刑事诉讼的整个过程，为该案高质量的办理保驾护航。

一、检察机关提前介入，引导公安机关侦查取证

团伙犯罪一般具有涉案人数较多、犯罪事实较多、待取证据较多等特点。公安机关在侦查团伙犯罪过程中可能因为待侦查事项较多而难免出现取证方向的偏差或者内容上的疏漏。检察机关对于发现的团伙犯罪侦查活动，先行一步、主动介入，引导取证于侦查之初，较之于公安机关因取证“瓶颈”的商请介入，更能帮助公安机关减少取证弯路，节约司法资源和成本。本案中，相关人员到案后检察机关及时介入，就可能涉嫌的罪名和取证方向定下基调，保障了公安机关后续的侦查取证工作能够有针对性地开展；并对 40 余名犯罪嫌疑人各自的作案时间、涉及微信群数、对应的被害人情况、违法所得等定案依据进行表格化梳理，为本案刑事诉讼的顺利进行打下坚实基础，也极大地提升了审查起诉和审判阶段的工作效率。

二、追捕追诉全面打击，认罪认罚宽严相济

在审查批捕阶段，虹口区检察院受理虹口区公安分局对本案49名犯罪嫌疑人的集中报捕后，经日夜审查、讨论研判后，对40名犯罪嫌疑人作出批准逮捕决定，并对尚未到案的团伙主犯杨某予以追捕；在审查起诉阶段，虹口区检察院对杨某的上家熊某予以追诉。目前杨某和熊某分别被虹口区法院判处有期徒刑两年和一年九个月，生动诠释了法网恢恢，疏而不漏。同时，虹口区检察院根据案件办理情况，对在本案中起组织指挥作用的杨某、张某从严打击，对一般底层业务员则从宽处理。其中，考虑到业务员邵某系在校学生，因社会阅历不足，误入犯罪团伙，且涉案时间短、主观恶性小，又认罪认罚，经过公开听证，对其作出不起诉决定；对其他犯罪嫌疑人则根据不同层级和参与程度依法适用认罪认罚从宽制度，以非法利用信息网络罪集中提起公诉并提出精准量刑。最终虹口区检察院的指控和量刑建议被虹口区法院全部采纳。

三、依法能动履职，主动延伸办案效果

为挽回被害人的损失，虹口区检察院鼓励犯罪嫌疑

人积极退赃，强化政策教育，并及时根据退赃情况调整量刑建议，兑现从宽政策。在全部门的共同努力下，先后有 21 人主动退赔，共计挽回 26 万余元损失，进一步扩大了本案办理的成果。

同时，在办案过程中，虹口区检察院发现律师王某同时担任犯罪嫌疑人邵某和罗某的辩护人，违反了“一名辩护人不得为两名以上的同案犯罪嫌疑人、被告人辩护”的规定，遂依法对王律师所在律师事务所制发检察建议书。此外，还向公安机关先后制发 7 份侦查活动监督通知书，就文书制作不规范等问题提出纠正意见。现均已被监督单位落实整改并书面答复。

◆ 相关规定

《中华人民共和国刑法》第二百八十七条之一

《中华人民共和国刑事诉讼法》第八十一条、第一百七十一条、第一百七十六条、第一百七十七条

◆ 办案札记

网络诈骗犯罪一直是公认的“社会毒瘤”，严重侵害

人民群众的财产安全和合法权益。网络犯罪中最令人谈之色变，也是人民群众感受最直接、最深恶痛绝的犯罪形式，正是电信网络诈骗。诈骗金额往往动辄几百万元、上千万元，令人触目惊心。不管是涉世未深的在校大学生，还是阅历丰富的名校教师，不管是普通民众，还是社会精英，各行各业人员都有可能成为电信网络诈骗的被害人。每年发生的电信网络诈骗案件导致被害人倾家荡产甚至自杀的事件更是屡见不鲜，严重影响了人民群众的安全感，严重扰乱了社会秩序，给国家安全和社会稳定带来了极大的隐患。

同时，电信网络诈骗也引发了严重的社会信任危机。犯罪行为人经常冒充亲朋好友、公司客服，甚至公检法等国家机关人员的名义实施诈骗，使社会正常交往中的各种信任大打折扣，人人自危，警惕性和防范心理倍增。这直接破坏了社会诚信，伤害了人与人之间的信赖关系，造成人与人之间没有安全感，最终谁也不相信谁。即便是父母、子女、亲友的电话都需要打上一个问号。而冒充国家机关工作人员的诈骗犯罪也直接导致国家机关的公信力下降，甚至影响国家机关一些正常工作的开展。

承办人作为检察人员深有感触，在与被害人接触或向犯罪嫌疑人追赃的过程中，经常被怀疑是诈骗分子，不得不通过各种方式证实身份，也因此影响了办案工作的效率。

网络犯罪之所以如此猖獗，就是因为司法机关对网络犯罪行为人抓捕难、取证难、定罪难。在城市探头遍布的当下，盗抢这种现行犯罪不论成败，司法机关往往能在短时间内有效抓捕。而如电信网络诈骗这类网络犯罪，即便失败，也无非就是换一个对象继续来。犯罪成本很低，收益却很高，令不少心术不正之人甘愿铤而走险。网络犯罪这一社会毒瘤也在不断发展，日益呈现集团化、专业化、产业化等特征。运作一起网络犯罪，产业链条上至少有五个专业团伙，真正实施网络犯罪的往往只有一两个，其他的都是提供服务和帮助。通常，上游为网络犯罪团伙提供技术工具、收集公民信息、吸粉引流等基础做准备；下游则通过收集电话卡、银行卡等方式协助转移资金，将赃款洗白。而上下游各环节都相互独立又分工配合，为网络犯罪持续输血供粮，让网络犯罪团伙在这种产业分工下得以隐藏幕后，从而增加了司法机关抓捕的难度，又因取证战线拉长带来定罪处罚

的障碍。

本案的两个犯罪团伙就是网络犯罪产业链中的一环，他们不直接对人民群众实施诈骗，而是通过利用炒股的名义吸引人民群众加入股票交流微信群，然后把人数达到一定数量的微信群打包出售给诈骗分子赚钱，再由诈骗分子专门针对微信群中的成员实施诈骗。由此可见，网络犯罪产业链分工之细。

打击网络犯罪首先面临的就是抓捕难的问题。本案两个团伙都披着合法公司的外衣，在城市商务大厦中公开“办公”。因为主要从事的活动就是打电话招揽“客户”，所以外观上和正规公司联系业务并无二致，很难被司法机关察觉。但从事违法犯罪活动的他们注定不会被运气所眷顾。公安机关根据本区被害人徐某的报案，通过技术手段很快锁定了招揽徐某进股票交流微信群的邵某，而这个邵某又正好在本案两个团伙间流窜。本案两个各自独立的犯罪团伙就此被牵出。虽然这两个团伙远在千里之外的四川成都，但既然已经在司法机关面前暴露，那么遥遥千里也绝对阻挡不了司法机关惩治网络犯罪的决心。虹口公安分局出动百余名警力奔赴四川成都，虹口区检察院第三检察部派员随行，共同展开抓捕行动。功夫不负有心人，两个团伙的成员基本都在“上班”过程中被当场抓获，其中逃脱的一个团伙老板杨某也经虹口区检察院追捕后落网，抓捕行动大获成功。

抓捕的同时，摆在司法机关面前的就是取证难的问题。作为专业的犯罪团伙，他们会制作业绩表、台账等记录以便于团队的管理和分赃，也清楚这些记录将成为不利的证据而会定期销毁。而证据是惩治犯罪的关键，没有证据即便抓了人也无法定罪处罚。因此在实施抓捕行动的同时，如何固定证据就是摆在虹口公检面前的重要课题。尚未被删除的零碎表单和聊天记录要及时固定，已经被删除的数据要及时尽可能多地恢复，然后通过整理、拼凑，将两个团伙中的每一名成员的客观“业绩”一一还原。对数十名团伙成员逐一讯问，从而印证数据固定、恢复并整理的“业绩表”。最后就是根据电话记录对遍布我国大江南北的所谓“客户”取得联系并制作笔录。这是一个浩大的工程，却也是不可或缺的证据。在虹口区检察院第三检察部的引导下，公安机关费尽心力收集证据，为本案 49 名犯罪分子的定罪处理打下坚实基础。

最后是定性难的问题。虽说从一般公众的角度来看，让网络犯罪分子得到应有的处罚即可，至于定什么罪名似乎并不是那么的重要，但对于检察机关而言，精准指控是最基本的要求，因此必须明确定性，践行正确适用法律的检察职能。最初，公安机关就第一个抓获的邵某提请虹口区检察院审查逮捕时，系以帮助信息网络犯罪活动罪定性。本案究竟应该如何定性？首先，本案两个犯罪团伙并不直接从事诈骗活动，不能以诈骗罪的共犯论处。本案是否构成公安机关最初认定的帮助信息网络犯罪活动罪呢？从通常角度看，他们吸引人民群众加入微信群，再把微信群提供给诈骗分子实施诈骗，就是在为电信网络诈骗犯罪提供帮助，似乎从字面上讲不就应该以帮助信息网络犯罪活动罪定性吗？但是法律是严谨的，根据我国刑法第二百八十七条之二的规定，帮助信息网络犯罪活动罪的客观行为表现是为犯罪提供互联网接入等技术支持，或者提供广告推广、支付结算等帮助，情节严重的行为。显然，吸引人民群众加入微信群再出售的行为不符合刑法对帮助信息网络犯罪活动罪所规定的客观行为特征。经过虹口区检察院第三检察部的分析研判，本案两个犯罪团伙的招揽行为、出售行为似乎找不到对应法条予以规制，但是在招揽过程中发布信息引诱对方的行为符合刑法第二百八十七条之一第一款第三项规定的为实施诈骗等违法犯罪活动发布信息的行为特征，应以非法利用信息网络罪定性，从而为公安机关对本案49名犯罪嫌疑人的定罪和取证指明了方向。最终，本案49名犯罪嫌疑人均被虹口区法院以非法利用信息网络罪判刑，且罚当其罪。

不得不说根除网络犯罪一直是司法机关的夙愿，也是令司法机关头疼不已的难题。着力打击网络犯罪产业链上下游犯罪，斩断网络犯罪产业链条，或许是应对网络犯罪的一种有效途径。在全国范围内轰轰烈烈的“断卡”行动也正是为了让网络犯罪失去支持，从而达到遏制网络犯罪的目的。作为虹口区检察院直接承办网络犯罪案件的部门，我们将踔厉奋发、笃行不怠，向根除网络犯罪这一社会毒瘤的宏伟目标奋勇前进！

承办检察官：柳文彬
案例撰写人：沈兢儒

马某某、李某某重大责任事故案

——重大责任事故调查阶段提前介入规则研究

◆ 关键词

重大责任事故 亲历性介入 参与事故调查 社会治理

◆ 要旨

检察机关在办理涉安全生产领域重大、疑难责任事故类案件时，应当组建专业化办案团队办理，提前介入事故责任的调查和认定，直接参与现场勘验、侦查实验等侦查活动，引导公安机关及有关部门准确认定事故原因和责任主体，根据庭审的证据要求全面规范取证。提前介入过程中发现安全管理漏洞的，可以依法提出整改建议，助力社会治理现代化。

◆ 基本案情

被告人马某某，男，1986年3月3日生，上海弘某建设发展有限公司（以下简称上海弘某公司）电焊工。

被告人李某某，男，1975年10月25日生，嘉某特种油脂（上海）有限公司（以下简称嘉某公司）机修员。

上海弘某公司承接了嘉某公司在上海市浦东新区高东路某热能回收改造项目工程。2019年12月13日上午，被告人马某某、李某某违反安全管理规定，在安全防护措施不到位、动火作业监护人擅离职守的情况下，在油酯公司酯交换车间东侧三楼平台电焊动火作业，焊渣溅落在下方途经的挂平板货车上装载的食用油堆垛中，使食用油外包装纸箱发生阴燃，致上述食用油被装卸至E6建筑雨棚下后起明火，火势蔓延至装满食用油的E6建筑内部，继而迅速扩大至附近的其他建筑，致该厂区E3等5个仓库及库内存放的成品食用油、甘油、硬脂酸等基本烧毁，E2等3个仓库局部受损。事故造成厂区内直接经济损失总计达人民币2884余万元，其中建筑损失约1713万元，储存货物损失约1171万元。

◆ 检察机关履职过程

2020年1月1日，上海市公安局港航公安局对“12·

13”重大责任事故案立案侦查。2020年6月10日，该局将案件移送上海市虹口区人民检察院（以下简称虹口区检察院）审查起诉。虹口区检察院于2020年9月14日向上海市虹口区人民法院提起公诉。2021年7月23日，上海市虹口区人民法院认定被告人马某某犯重大责任事故罪，判处有期徒刑二年，认定被告人李某某犯重大责任事故罪，判处有期徒刑一年零八个月。

虹口区检察院受理本案后，从以下几个方面履职：

一、组建专业化办案团队

火灾事故发生后，虹口区检察院第一时间提前介入该案，在初步了解案情后，认为该案的事故原因复杂、侦查取证难度高，于是成立了由分管检察长任组长，重大犯罪检察部门和航运检察部门的资深检察官等组成的专案组办理此案。

二、全程参与事故调查

专案组听取了消防部门的事故原因分析，消防部门初步判定酯交换车间违规动火，动火点的焊渣由途经的平板车带至起火点，造成了仓库起火。但动火点与起火点相距五千米，且动火时间与起火时间相距一小时，证实火灾确系动火点焊渣引发为事故的原因是本案调查的关键。

（一）动火位置的焊渣能够飞溅至车间外，是事故原因确定的重要环节。专案组实地勘查了酯交换车间，发现该车间三楼楼梯口一侧没有墙体，防火布也未能全部覆盖，动火时有焊渣飞溅出去的大量空间。专案组要求事故调查组对车间附近不能完全起到阻隔作用的防护措施予以勘查固定。

（二）起火点和动火点之间关联性，是事故原因确定的核心。专案组实地查看火灾现场，发现起火仓库外有厚积的燃烧残留物，遂提出对燃烧残留物成分进行提取并鉴定的建议。据此，事故调查人员在卸油位置的燃烧残留物中提取到了焊渣，后经鉴定，确与酯交换车间的焊渣成分一致。

（三）焊渣引发阴燃能否成立，是事故原因确定的关键。专案组建议消防部门收集阴燃的相关专业资料、实例，并召集专家进行论证。经查阅全国火灾事故资料以及专家论证，以纸和塑料为介质的阴燃最长可达十几个小时。焊渣掉落的位置是箱体之间，由于空间狭窄，氧气稀少，并不会马上变为明火，事故调查组的判定符合

阴燃的规律。

（四）排除其他起火原因是确证事故原因的又一要素。动火位置距起火点相距五千米，专案组查阅复核了事故车辆途经道路旁的全部监控录像并实地查看，未发现有人或有抛掷物品的情况。专案组建议事故调查组排摸途经道路旁的建筑物窗户情况，发现途经道路旁建筑的窗户均为开口较小的下沿窗，从抛物曲线规律来看，即使从建筑物窗户内向外抛掷物品，也无法到达途经车辆的位置，从而排除了从建筑物内抛掷火源的可能性。

（五）侦查实验是事故原因确定的重要佐证。为了论证这一判定在本案中的现实可能性，专案组建议开展侦查实验，并提出由于案发地是油厂，不宜在原案发地进行动火实验，应另择场地开展，但须完全模拟案发时的场景，包括酯交换车间的建筑条件、天气条件，动火作业的高度、建筑外雨棚的大小、建筑外的水管位置、甚至途经平板车载油后的高度等。侦查实验结果进一步验证了本案系动火点的焊渣由途经的事故平板车带至起火点的完整过程。

三、全面引导侦查取证

专案组在与公安机关开展案件讨论过程中发现，行为人对事故责任的承担仍有诸多辩解，行为人所属企业是否需要承担刑事责任也应予以确定。关于行为人有无违反安全法律规范的主观故意及具体动火操作调查取证尚不充分。专案组经过研究后提出了多条取证意见：1. 针对行为人关于涉案公司未开展安全管理方面的培训的辩解，建议收集公司安全生产教育和培训的材料，包括公司安全管理方面的规章制度及培训记录等；2. 针对动火作业监护人李某某擅离职守的行为未得到现场证人证言的证实之情况，专案组通过实地走访案发现场，结合证人、行为人的作业位置，发现证人称未看到李某某擅离职守的证言不符合现场情况。专案组参与了公安机关现场复勘等侦查活动，同步审阅了询问笔录，在引导规范取证程序的同时，就询问笔录中不合理之处提出了针对性的建议，最终还原了案发当时酯交换车间作业的经过；3. 针对涉案企业是否需要承担刑事责任的问题，专案组经过核实，发现涉案企业在多份企业文件中对动火责任与监火责任都作出了明确规定，且对两名行为人进行过

多次安全知识教育培训，每次培训均有二人亲笔签名，故虽然涉案企业存在安全意识不够等问题，但尚不足以追究刑事责任，建议将企业及相关负责人交由行政部门予以行政处罚，依法准确适用了法律。

四、积极开展法治宣传教育

在提前介入案件过程中，专案组通过实地走访、参与调查，发现涉案企业的安全意识、法律意识较为薄弱。专案组会同消防部门多次走访了涉案企业，共同开展对企业的消防安全知识宣传和法律知识宣传，并建议企业不断健全完善安全制度，加强员工安全和法治教育培训。在案件办理之后，虹口区检察院持续跟踪，会同消防部门共赴涉案企业查看安全生产整改情况，引导企业树牢安全发展理念，督促消防等相关部门加强安全生产监管。

◆ 典型意义

一是对于涉安全生产领域的重大案件，检察机关提前介入事故调查有利于加强行政执法和刑事司法的衔接，增强诉讼质效。检察机关承担着证明被告人有罪的举证责任，提前介入事故调查，能够实现与行政执法机关的充分沟通、协调和配合。本案中，检察机关获得案件信息时，消防部门火灾调查组对火灾事故原因最终结论尚未作出。检察机关提前介入后，多次牵头召开了案件沟通推进会，通过听取市、区二级消防部门介绍火灾调查情况，会同公安机关及区消防部门共赴案发单位厂区实地走访查看，对火灾原因的调查方向提出了有效建议，对调查过程中的取证规范性加以全面引导，有力地保证了后续诉讼过程的成功进行，提高了诉讼效率，确保了案件质量。

二是在案件办理过程中坚持亲历性原则，有利于快速把握案件焦点，锁定关键证据，精准指控犯罪。书面卷宗材料是平面化的、简单化的，而亲历现场时，检察官的视野从书面案卷拓展至证据收集的第一现场，信息是立体的、全面的、更为生动具体的。对于涉嫌重大责任事故罪的案件，检察机关通过亲力介入引导侦查，可以增强承办检察官对案件事实、全案背景的认知，把握案件焦点，从而提出有针对性的、切实可行的引导侦查建议。同时亲历现场、亲历调查也使检察官对证据收集有更全面的认识，有利于即时锁定关键证据，规范取证

程序，补充完善证据锁链。虹口区检察院在提前介入过程中，做到重点现场必走访、重点监控必同看、重点排查必同去，确保精准有效地指控犯罪。

三是提前介入突出能动履职，充分发挥检察职能，促进安全生产治理。在提前介入案件过程中，检察机关发现企业的安全意识不足的情况下，可以积极开展对企业的安全知识宣讲和法律知识宣传，并建议企业不断健全完善安全制度，加强员工安全和法治教育培训，引导企业树牢安全发展理念，以办案促治理，为安全生产及区域经济高质量发展提供检察力量。

◆ 相关规定

《中华人民共和国刑法》第六十七条第三款、第一百三十四条第一款

◆ 办案札记

事故发生后，上级领导作出重要批示，要求认真查明原因，严格追责并吸取教训，由各级职能部门成立的事故调查组立即赴现场查明真相，本院也第一时间介入

案件引导侦查。两名涉案人员到案后均做无罪辩解，拒不认罪，特别是马某某认为不可能是其作业焊渣如此远距离引发的火灾。所以尽可能还原客观事实必须要有充分的证据作为支撑，面对零口供挑战，当务之急是要搞清楚二人是否违反有关安全管理的规定、违规行为与火灾发生是否有直接因果关系、高温焊渣是否有能力跨越时空障碍及唯一性等问题。

承办人会同公安机关对8名关键证人制作询问笔录，并多次走访了案发现场，全方位了解案发时动火现场的作业条件、动火人与监火人的当日工作安排、作业轨迹及职责要求，证实了两名涉案人员确实未严格按照《危险作业安全操作规程》进行作业和监护。

承办人认真查看了记录成品食用油平板货车运输路线的一百多份监控视频，全面核实了案发现场方位，车辆行驶路线以及沿线人员情况，专门针对流水线遗留火种、运输沿线道路人员吸烟及运输路线道路动火作业进行调查和排摸，未发现起火前有可疑人员接近起火部位，未发现有外来火源掉落或投掷至起火部位，排除烟蒂引发火灾和人为纵火可能性。

要解决焊渣是不是真凶的终极问题，鉴于现有证据尚不足以证明，承办人要求消防部门务必对起火建筑物重新进行地毯式现场勘查，终于在现场的燃烧残留物中提取到唯一的一枚金属颗粒物，与在酯交换车间外地面上提取到的金属颗粒物主要成分一致，可以证实系同一焊渣，排除了其他10个动火点引发火灾的可能性。同时，燃烧残留物中提取到的焊渣系经过燃烧与其他燃烧物融合在一起，排除火灾之后掉落的可能性。另外，与侦查机关一起从《中国火灾统计年鉴》查实到焊渣的飞溅距离最远可达9.5米、溅落在商品可燃包装物上阴燃最长可达4个小时的同类事实。

承办人结合其他指认录像、排查报告、模拟试验等证据，确信系马某某和李某某的危害生产安全行为导致了火灾的发生。最终以重大责任事故罪向法院提起公诉，并申请消防人员等证人出庭做证，举证与释法说理并驾齐驱，两名被告人在事实和证据面前当庭认罪伏法，法院最终认定了本院指控的犯罪事实和量刑建议，取得了政治效果、社会效果和法律效果的统一。

正义是具体而微的，一旦排除了所有不可能的事实，那么剩下的，不管多么不可思议，就是事实的真相。特别是像本案这种专业性极强、新问题频发的涉企案件，差之毫厘，谬之千里，一个细微的改变就可能引起蝴蝶效应，导致案件结果发生重大变化，同时本案又处在维护企业生产“促发展、保安全”的时代背景下，更需要检察人员发扬求极致的工作作风，坚持司法担当的初心，发挥法律研判和证据把握的优势，在打击犯罪中发出捍卫企业生产安全的检察之声，办理一案、治理一片，从而推动提高企业安全生产管理能力水平和优化责任体系，有效防范遏制事故发生。

承办检察官：邱坤
案例撰写人：邱坤

孙某某以危险方法危害公共安全案

——发挥刑事检察职能，守护城市公共安全

◆ 关键词

城市公共安全 提前介入 自行补充侦查 重大敏感案件

◆ 要旨

检察机关在办理危害公共安全等重大敏感案件时，适时介入案件侦查，及时提出取证意见，必要时开展自行补充侦查，有利于完善证据链条，提升案件办理质效。在精准惩治犯罪的同时，应当紧密结合城市治理要求，深化与相关单位间的沟通协作，把溯源治理作为检察机关依法能动履职的出发点和落脚点，提升参与社会治理的能力和水平，维护城市公共安全和社会大局稳定。

◆ 基本案情

被告人孙某某于2021年3月21日上午8时30分许，

因驾驶公路客运车辆以外的载客汽车违规载货，在上海市逸仙路高架由北向南曲阳路方向匝道口被交警拦下处罚。孙某某因不满交警的处罚结果，从车内拿出一盒螺丝钉抛撒在高架道上，后又不听现场交警阻止，继续将螺丝钉以及装修木板抛至快车道，随后被民警控制。孙某某造成多辆车辆从有螺丝钉的路面通过，现场四条车道全部无法正常通行，道路严重拥堵，其行为严重危害公共安全。

◆ 检察机关履职过程

2021 年 3 月，一段“上海一男子在民警眼前往高架上撒钉子”的视频出现在各大网站，引发了极大的社会关注。上海市虹口区人民检察院（以下简称虹口区检察院）第一时间提前介入、勘验现场，全程引导公安机关全面、规范侦查取证。

虹口区检察院经过自行补充侦查、夯实证据基础后，于 2021 年 5 月 21 日以孙某某涉嫌以危险方法危害公共安全罪向人民法院提起公诉并适用认罪认罚程序。2021 年 6 月 30 日，人民法院以被告人孙某某犯以危险方法危

害公共安全罪，判处其有期徒刑三年，缓刑三年。

案件办结后，虹口区检察院通过微信、抖音等多个媒体平台及时向社会发布本案办理情况和警示意义，积极回应群众关心的热点问题。针对案件折射出的安全隐患，积极推动交警部门、车管所等部门开展专项执法活动，要求相关单位落实主体责任、消除事故隐患，共同提升城市公共安全治理水平。

◆ 典型意义

本案是一起被告人因不满交警行政处罚、为泄私愤向高架路面抛撒铁质螺丝钉和橱柜隔板的危害公共安全犯罪案件。检察机关在办理这类案件时应当及时建章立制并不断探索、完善相关机制，同时立足检察职能，针对案件中发现的风险和漏洞，及时会同相关监管部门严防严控公共安全领域风险苗头。

一、依托机制提前介入，引导侦查取证

对重大敏感案件，检察机关依法开展提前介入工作，目的是同步了解和掌握案件的事实证据及舆情风险情况，对罪名、证据的发现、收集、固定、保全及侦查取证方

向提出意见和建议，为确保后续诉讼环节顺利开展，更及时、准确地打击犯罪。

本案中，虹口区检察院通过互联网获取案发信息后，立即依托牵头建立的《办理危害公共安全类犯罪案件协作配合机制》与公安机关沟通联络，引导公安机关做好以下工作：一是判断热搜视频真假，做好舆情风险研判；二是调取高架路段多处视频监控；三是收集现场车主、民警的证言；四是依法扣押螺丝钉、隔板，并做好拍照固定工作。在此基础上，虹口区检察院多次召开联席会议研判案件性质，认真做好审前介入工作，并及时向上级院通报案件情况。

二、开展自行补充侦查，完善证据链条

以危险方法危害公共安全罪，要求被告人的危害行为与爆炸、放火、决水相当，被告人孙某某虽然在早高峰时段向高架车流抛撒铁质螺丝钉，但实际上并未造成他人人身权利或者财产权利的损害，本案的争议焦点在于如何评价孙某某的行为。

虹口区检察院适时自行开展补充侦查工作，以提升办案质效，并利用提前介入会商机制，改变原有阅卷式、

坐堂式的静态提前介入工作方式，做到参与事故调查，及时研商案情，及时介入全面了解案情，协助公安机关确立侦查思路、依法妥善处理矛盾。虹口区检察院认为，本案定性的关键在于被告人孙某某向高架车流抛撒铁质螺丝钉及隔板的行为对交通造成什么影响，对公共安全有什么危害，并从案发时段的车流量、车速、对行车的影响等三个方面开展自行补充侦查。

一是测算案发时段车流量。根据上海市交通委指挥中心 2021 年 3 月上海交通运行月报，本市快速路日均流量为二百零九万辆，而逸仙路高架是贯穿上海南北的交通要道，案发地又处于连接中环、内环的枢纽路段，通过与车管部门联合开展对路面监控测算，得出案发路段平均每分钟就有超过一百辆车经过的结论。本案被告人抛撒铁质螺丝钉、隔板的行为造成了早高峰时段三十九分钟的拥堵，即至少影响三千九百辆车辆的通行。

二是测算案发时段车速。案发当天非工作日，逸仙路高架整体车速较快，而案发路段处于多车道汇合的上匝道口，大部分车辆都存在变道、提速的可能。通过反复观看监控视频、辨认车牌号码，联合车管部门寻找因被告人抛撒行为急刹的第一辆车车主，并就现场情况对该车主展开询问工作。结合行车数据以及车主证言，证实案发时段平均车速高达每小时六十五千米。

三是被告人行为对行车的影响。虹口区检察院对扣押螺丝钉的数量、长度、材质、硬度开展测量和调查，发现被告人抛撒的螺丝钉为铁制，长度为三厘米至十厘米不等，末端均呈螺旋纹尖角状。为证明上述螺丝钉是否可能造成车辆倾覆，虹口区检察院与公安民警向汽修领域的专业人士进行咨询，结合类似事故视频、汽修领域类似试验测试等数据资料，认定车辆即使在低速行驶的状态下，车胎被螺丝钉扎破瞬间产生的气流波动也会导致车辆倾覆，以证实被告人孙某某的行为对公共安全产生了高度的危险性。

三、结合事实证据准确定性，精准量刑建议

经过前期的介入侦查以及对证据的全面梳理，虹口区检察院认为孙某某不顾后果向车速快、车流量大、处于早高峰时段的高架路面抛撒螺丝钉的行为具有高度的危险性，极易引发重大交通事故及次生事故，造成人身伤亡及财产损失，其行为足以导致车辆追尾、倾覆，以

及人员重伤等现实危险；孙某某的行为实际上也造成事发路段长时间的严重拥堵，严重影响车辆通行，虽未导致人员伤亡或严重的财产损失，但社会危害性大，应当追究刑事责任。综合考虑孙某某系一时激动，行为未导致严重后果，事发后积极配合清除路面障碍，到案后认罪态度良好，经与被告人及其辩护人释法说理，开展认罪认罚教育工作，依法向人民法院提起公诉，提出有期徒刑三年，缓刑三年的确定刑量刑建议。

四、加强法治宣传，提升社会治理的能力和水平

危害公共安全犯罪等重大犯罪案件，往往事关民生，虹口区检察院立足“在办案中监督，在监督中办案”的检察职能，一方面深挖社会治理线索，实现办理一案、治理一片的社会效果。就办理案件中发现的车辆管理过程中存在安全隐患及监管漏洞，通过调查走访、召开联席会议、联合专项执法活动等形式督促相关部门和单位及时消除安全隐患，切实保障人民群众人身及财产安全。另一方面助力法治宣传，加大城市公共安全治理工作的宣传力度。在依法惩治危害公共安全等重大犯罪案件的同时，以案释法，依法及时公开案件的办理过程及处理结果，结合相关典型案例、检察建议，通过传统媒体、新媒体等多形式、多途径助力法治宣传教育，提升社会公众法治理念与政法关注度。

◆ 相关规定

《中华人民共和国刑法》第一百一十四条

《中华人民共和国刑事诉讼法》第十五条、第一百七十五条

◆ 办案札记

川流不息的高架路就是上海这座超大城市的动脉，根据交管部门提供的数据，高架日均车流量达到二百零九万辆，哪怕是轻微的违章行为都有可能导致严重的后果。本案的发现存在一定的戏剧化成分，承办检察官在公安机关立案侦查之前就已经在各大网络平台看到了“案发现场”的相关视频：2021 年 3 月 21 日早高峰时段一名男子竟不顾交警劝阻，向高架路面抛撒螺丝钉，途经车辆被迫纷纷刹停。

承办检察官起初系为处理舆情、核实视频真假联系

公安机关。在确认视频内容后，承办检察官便立即依托虹口区检察院牵头制定的《办理危害公共安全类犯罪案件协作配合机制》，开展了一系列工作。

一、开展引导侦查取证，明确犯罪动机

本案的案发地点是逸仙路高架多车道合并、分流路段，案发时间又是周末早高峰。案发后，为了缓解交通压力，减少次生事故，交警部门联合环卫在最快的速度下对案发现场进行了清理，犯罪现场实际上已经遭到了破坏。唯一能够客观还原案发情况的只有路面监控和网络热搜片段。

承办检察官第一时间就要求公安机关调取案发路段多方位、多角度的高架监控视频，反复观看监控视频，发现登上网络热搜的行车记录仪视频片段发布人、调取到了原始视频文件。

客观案情得以还原：2021 年 3 月 21 日上午 8 时 30 分许，被告人孙某某在逸仙路高架某上匝道口被交警拦下，先后从车内取出一盒螺丝钉和橱柜隔板，向双向行进的车流抛撒。多辆车辆急刹，更多的车辆直接以每小时六十千米以上的速度从螺丝钉上行驶而过。从车流被

截停，到高架路段恢复通行，孙某某的行为造成该路段严重拥堵近四十分钟。

被告人孙某某被带至公安机关时，承办检察官就已经草拟了审讯方向和提纲供公安民警参考。审讯过程相对顺利，被告人明显已经意识到其行为性质，如实交代了犯罪事实。原来被告人孙某某是一名橱柜安装工人，三个月前因擅自将载客面包车改装为载货车辆被行政处罚，巧合的是案发当天又被同一名交警、以同样的理由拦下，再次处以二百元罚款。但这次处罚却让孙某某彻底丧失了理智。面对交警递来的罚单，孙某某恼羞成怒，拿起一盒安装橱柜用的铁质螺丝钉，直接就向高架路面抛了出去。

至此，本案的基本事实已经清楚，但以危险方法危害公共安全罪，是指故意使用放火、决水、爆炸、投放危险物质以外的危险方法危害公共安全的行为，成立该罪要求证据能够做到以下三个方面：一是能证明被告人存在主观上危害公共安全的故意；二是能证明被告人行为严重性相当于放火、爆炸等；三是能证明被告人行为会导致不特定多数人的生命财产受到侵害，而且可能随

时扩大或者增加被害范围。被告人孙某某的行为是否构成以危险方法危害公共安全罪，还需要其他的证据材料来证明。

二、自行补充侦查，夯实证据基础

审查案件时如何评价孙某某的行为，检察官认为关键就看抛撒螺丝钉对交通造成什么影响，对公共安全又有多大的危害。时间、地点、情节都是承办检察官需要考量的因素。

基础是高架车流量。逸仙路高架是贯穿上海南北的交通要道，案发地又处于上匝道口，起着连接中环、内环的枢纽作用，承办检察官与车管部门联合开展对路面监控测算，得出该路段平均每分钟就有超百辆车经过。

关键是案发时段车速。恰逢案发当天是周末，高架路段整体车速较快、车数较多，案发路段可谓是车水马龙。承办检察官通过反复观看监控视频，通过车管部门找到急刹的第一辆车，结合行车数据以及车主证言，证实案发时段的主干道平均车速高达每小时六十五千米。

核心是对行车造成的影响。孙某某抛撒的三百多颗螺丝钉都有着锋利的尖角。承办检察官与公安民警一起咨询了汽修领域的专业人士，认为车辆即使在低速行驶的状态下，车胎被螺丝钉扎破瞬间产生的气流波动也会导致车辆倾覆。

所以，综合以上因素，承办检察官认为，上百辆时速在六十千米以上的机动车，遇到三百多颗遍布多条车道的尖锐螺丝钉，爆胎、侧翻、追尾等连环事故都极有可能发生。行政违法绝不足以评价孙某某的行为，孙某某的行为危害性已经达到了与放火、决水、爆炸同等严重的程度。

而以危险方法危害公共安全罪这个罪名明显超出了孙某某的认识，孙某某在审查起诉阶段，一开始并不认可检察院的处理意见以及量刑建议。承办检察官通过开示测算数据、出示证据，向孙某某细致耐心地解释法律规定，并阐明其行为可能导致的严重后果以及定罪量刑的依据，最终孙某某自愿认罪认罚。

三、立足办案参与社会治理，回应民生关切

在办理孙某某案的过程中，虹口区检察院还办理了北外滩某企业工人触电身亡案、三人死亡四人受伤的凉城路特大事故案、某泳池女童溺水案等一系列重大案件，

这些案件在辖区内都引发了群众的关注，其中还反映出了不少安全隐患、监管漏洞以及安全意识的缺失。

公共安全无小事，为了避免类似案件再发生，检察官将案情和警示意义通过微信、抖音等多个媒体平台进行宣传，点击量过百万，还得到了最高人民检察院的关注和转发，极大地提升了公众的安全意识和法治意识。针对个案中折射出的车辆非法改装安全隐患、驾驶证监督管理问题，我们还推动交警部门、车管所等部门开展多次专项执法活动，消除事故隐患、落实主体责任，共同提升城市公共安全治理水平。

这就是我们检察官的担当——不止于法庭上的唇枪舌剑，更多的是以求极致的工作态度，通过办理一案、警示一片、治理一域，为服务城市公共安全贡献更高水平的检察力量。

承办检察官：黄春笑

案例撰写人：黄春笑、阮舒青

张某刑事申诉案

——如我在诉办好每一起小案 情同此心化解申诉人心结

◆ 关键词

公开听证 司法鉴定 专家释疑 网络直播

◆ 要旨

人民检察院办理刑事申诉案件应当针对申诉理由进行全面审查，必要时可以进行调查核实和补强证据。对于司法鉴定结论、证据采信等存在较大争议的申诉案件，可以召开听证会，引导当事人理解和信服检察机关作出的刑事申诉审查结果，促进矛盾化解，实现息诉息访。

◆ 基本案情

2019年2月24日下午，申诉人张某结伙同案被告人黄某某为索取债务至上海市株洲路299弄某号住宅门口，与被害人俞某某发生争执，继而双方发生肢体冲突。

经鉴定，俞某某因外伤致右侧第2、3、4、5前肋骨折构成轻伤二级，面部多处软组织挫伤构成轻微伤。在法院审理期间，张某、黄某某共向俞某某赔偿经济损失人民币二十万元。上海市虹口区人民法院以故意伤害罪判处张某、黄某某拘役三个月二十四日。张某认为司法鉴定被害人轻伤二级的鉴定意见不准确，案发现场的监控视频存在证据来源不明、证据收集程序不合法的问题，且其已赔偿被害人经济损失并达成民事调解协议，故以原生效刑事判决证据不够确实、充分，法院量刑过重为由，向上海市虹口区人民检察院（以下简称虹口区检察院）提出申诉，并提供了被害人俞某某受伤后的三份放射诊断报告作为“新证据”。

◆ 检察机关履职过程

虹口区检察院受理申诉人张某刑事申诉案后，依法进行了审查，在调阅原案卷宗材料、全面梳理案件事实和经过的基础上，承办检察官当面听取了申诉人及其代理律师的申诉理由和相关依据，询问原案承办检察官，对相关证据进行了复核。控告申诉承办检察官着重围绕被害人伤势鉴定意见进行了深入调查，就原司法鉴定机构的鉴定程序、被害人伤势鉴定意见等进行了核实。针对申诉人关于证据收集程序的质疑，要求原案公安机关出具了有关调取证据过程的工作情况说明。控告申诉检察官综合原案犯罪事实、性质、情节、社会危害程度，以及申诉人张某系初犯，具有自首情节，与被害人方达成赔偿协议并已履行等，提出原生效刑事判决定罪量刑准确、并无不当的审查意见。

2021 年 3 月 31 日，虹口区检察院召开张某刑事申诉案公开听证会，经过两个多小时的听证，听证员形成评议意见，一致认为原案司法鉴定意见合法有效，原案刑事判决事实清楚、证据确实充分，处理适当。听证会后，虹口区检察院即作出申诉人的申诉理由不能成立、本院不予支持的刑事申诉审查意见。依照程序向申诉人张某及其代理律师作了公开答复，送达了刑事申诉结果通知书。

◆ 典型意义

一、实事求是，全面审查化争议

从申诉角度梳理争议关键点，针对申诉理由对原案

进行全面审查，是办好刑事申诉案件的一个重要任务，必要时可以进行调查核实和补强证据。对于申诉人提交的新证据，需要明确是否达到足以反驳或足以推翻原判的标准。本案中，申诉人张某的申诉理由之一便是不认可原案的司法鉴定意见，并提交被害人的CT诊断报告作为新证据，认为司法鉴定意见中认定四处骨折的结论不正确，被害人的其中两处骨折不是被打后造成的新鲜骨折，而存在被害人自残或旧伤的可能。对伤情鉴定的司法鉴定意见是办理故意伤害案件中的关键证据，在认定被告人有罪或无罪、罪重或罪轻等方面起着举足轻重的作用。但伤情鉴定本身具有高度的专业性，为查明原案司法鉴定意见是否有效正确，承办检察官特地向被害人就诊的医院调取CT片光盘，并带着诊断报告和光盘走访和听取了多方专家的意见。通过咨询原案鉴定机构负责人、上海市人民检察院法医实验室的法医技术人员以及司法鉴定科学研究院的权威法医专家，多位专家一致认为原案司法鉴定意见是正确的，并就相关依据作出了详细解释：1.司法鉴定意见依据的是被害人受伤后拍摄的肋骨CT影像，而不是申诉人所认为的根据医院出具的放射诊断报告；2. 部分没有明显位移的新鲜骨折确实不易被常规的CT扫描所显示，此时可根据骨痂（骨头受伤后愈合过程中所形成的伤痂）来判断骨折的数量及部位，结合两次拍片结果，被害人第2、3、4、5前肋骨均有骨痂形成且骨痂形态相似，符合同一时期肋骨骨折特征。承办检察官经检察官联席会议讨论及调查走访鉴定专家，最终确认被害人确实存在四处骨折，且均属于被打后造成的新鲜骨折。

二、反向审视，发挥职能促监督

检察监督职能不仅体现于刑事诉讼环节，更应当落在执法办案全过程，在办理刑事申诉案件的同时及时发现、纠正司法活动中各个环节的错误或瑕疵，促进源头治理。本案中，有一份关键证据为案发现场的监控视频，该监控视频乃被害人向公安机关提供，完整记录了案发当日两名被告人殴打被害人的全过程，在法院判决中对该证据也予以认定，但申诉人却提出该监控视频证据来源不明、证据收集程序不合法。

针对这一问题，承办检察官调阅原案卷宗的相关材料，并向虹口公安分局相关派出所了解情况。经查，就取

证主体、证据来源等方面，承办检察官排除了非法证据的认定，确认该份视听证据属合法有效，但公安机关在侦查阶段确实存在执法瑕疵问题。根据相关规定，公安机关在侦查过程中，发现有关个人持有与案件有关的证据时，应当向个人调取证据，需要调取证据的，应当制作《调取证据通知书》。本案中，公安机关在向被害人调取案发现场监控视频的视听资料时，存在未依据公安机关执法办案规定，遗漏制作《调取证据通知书》的问题，这才让申诉人对办案程序和证据的合法性产生了质疑。对此，承办检察官就该监控视频的证据来源，要求公安机关提供了相关工作情况说明，对证据予以补强。

三、公开听证，释法说理解心结

自2020年最高人民检察院印发《人民检察院审查案件听证工作规定》以来，虹口区检察院控申检察部门认真贯彻落实，秉持着“应听证，尽听证”原则，2021年对刑事申诉案件实现公开听证全覆盖。本案中，虹口区检察院坚持兼听则明、公开公正的原则，主动为申诉人、代理律师搭建公开听证平台，回应申诉理由。

一是做足听证准备工作，保障听证会顺利进行。会前制定周密详细的听证会实施方案，并对案件事实、证据等相关材料进行总结梳理，让听证员在听证会开始前对案件充分了解，从而深度参与案件评判。本案听证会由副检察长主持，分别邀请人民监督员、区人大代表、区政协委员担任听证员，原案承办检察官与控告申诉承办检察官共同参与。因申诉人对司法鉴定意见争议较大，此次听证会还特别邀请上海市人民检察院法医实验室的法医作为有专门知识的人参与，运用专业知识解答专业疑问，增强权威性和对申诉人的说服力。

二是充分发挥各方力量，实现听证效果最大化。听证会上，申诉人和代理律师充分表达了诉求，原案公诉人详细介绍案情及定罪量刑的理由，控告申诉承办检察官采用多媒体示证方式出示证据，还原案发过程，耐心释法说理。法医结合被害人肋骨 CT 片和自制的肋骨骨架立体图像，对司法鉴定意见现场进行了科学、专业、细致的解读，一一回应申诉人疑问。三名听证员经评议后一致认为司法鉴定意见合法有效，原审法院认定事实清楚，证据确实充分，量刑准确。主持听证会的副检察长也与申诉人坦诚交流，建议申诉人放下心结，在今后的

生活中保持理性与克制，通过合法正当途径维护自己的权益。多管齐下，有效化解了申诉人心结。

三是通过全程网络直播，提高办案透明度，提升司法公信力。本案是上海市首例通过中国检察听证网进行同步直播的刑事申诉案件听证会，让社会公众场景化地感知检察办案，拉近人民群众与检察人员的距离，让“检察听证”的概念不再变得陌生。同时将办案过程晒出来，畅通社会监督的渠道，让检察听证工作成为司法公正的助推器。

◆ 相关规定

《中华人民共和国刑法》第二十五条第一款、第六十七条第一款、第二百三十四条第一款

◆ 办案札记

最开始受理张某刑事申诉案时，检察官内心感到有些诧异，诧异的原因在于，从疑难程度上来看，原案并不复杂，甚至在我们看来这是一起“不起眼”的刑事申诉小案件，因为案情简单，是一起民事纠纷引发的故意

伤害并导致被害人四处肋骨骨折、轻伤二级的刑事案件；原案快速办理，包括张某在内的两名被告人均投案自首，认罪认罚，被告人家属主动赔偿被害人二十万元，双方达成和解，故原案适用简易程序快速审理和判决；从判决结果来看，量刑也很轻，两名被告人均被判处拘役三个月零二十四日，因前期羁押折抵刑期，法院判决时申诉人即被当庭释放；从申诉理由来看，不管是申诉人认为的被害人两处骨折还是鉴定结论认定的四处骨折，只要肋骨骨折数量在两处以上六处以下，均构成轻伤二级，对最终结果并无影响。

至此，案件处理没有太大的争议，但张某却向我们提供了一份新证据，并称这份证据可以洗刷他的冤屈，强烈要求刑事申诉。原来，张某得到了被害人受伤后首次至医院检查的诊断报告，显示被害人只有两处前肋骨折，但是司法鉴定意见怎么会认定四处前肋骨折呢？带着对司法鉴定意见的质疑，张某走进了虹口区检察院12309检察服务中心。之后与申诉人的沟通中我们也了解到他的想法，哪怕两处或是四处骨折对轻伤二级的认定不会产生实质性的改变，他也要讨一个说法、要一个

解释，要“较较真”。

面对申诉人的“较真”，我们更应以“极致”来回应。检察官开展了连续的调查核实工作，面对司法鉴定这一专业性很强的领域，作为门外汉的我们，得到原案司法鉴定机构对鉴定意见的肯定性答复之后并没有就此止步，接连走访了多位司法鉴定专家，从而对骨折后骨头愈合的过程及原理有了清晰的认识，才能对许多关键性信息了然于胸，心中有数，做到应对从容。我们常强调要以“如我在诉”的态度办理案件，便是要设身处地站在当事人的角度想一想：如果我是当事人，这样的案件处理是否能真正说服我？哪怕尚存一丝疑问或模糊不清之处，也要调查核实清楚，以求极致的精神对待每一起小案。

办理刑事申诉案件承载着公正办案和释法说理的双重任务，我们或许能给当事人一个结果，但不一定能解开他的“心结”，“心结”未解，案件也就没有真正了结。让申诉人相信正义的天平没有倾斜，最好的办法就是公开。检察听证，正是公平正义让人民群众可知可感可触的一种办案方式，使办案过程成为一堂生动的法治公开课、全民普法课，把事实、证据、法理、情理说清讲透，实质性化解争议纠纷。随着检察听证更加常态化地开展，听证的价值正逐步显现，听证的效果也不断提升，主要体现在以下几点：

一是以听证化解矛盾，实现案结事了人和。传统的办案模式下一方面是检察干警忙于奔命——调卷、阅卷、制作审查报告、制发文书、送达申请人，另一方面则是申诉群众对诉求不被支持的不解、不满。而公开听证为检民双方搭建了良好的沟通平台，从申诉人角度来看，通过检察听证能让人民群众参与司法，给老百姓一个说话的机会，表达自己的诉求。从检察机关角度来看，通过听证会上的证据展示、论证、释法说理等环节，把案件中的理论转化成当事人听得懂、听得透的群众语言明明白白地讲给当事人听，真正化解申诉人心结。本案中，通过公开听证，检察机关认真负责的工作态度得到了申诉人的肯定，对人民检察院审查作出的刑事申诉结果表示认可，并自愿签署息诉息访承诺书，承诺今后不再就原案继续信访。

二是以听证接受监督，推进司法公开公正。一方面，开展检察听证，主动公开检察权运行过程，全面听取各

方意见，尤其是听取听证员等第三方独立发表的客观、中立的意见，能够有效帮助检察机关更加客观准确地认定案件事实、适用法律，依法公正地作出决定。另一方面，公开听证也是一个很好的汲取经验与智慧的平台，尤其是第三方听证员常常会跳出常规办案的视角提出一些建议，譬如在本案中，听证员对证据收集的完整性提出了更高的要求，希望能将所有与案件相关的诊断报告或影像资料归入卷宗，避免引起不必要的矛盾。

三是以听证开展普法，提升释法说理效果。本案中，申诉人是被害人的妻子陈某非法吸收公众存款案的投资人，案发当日系为索要40万元投资款而上门，却因一时冲动造成严重后果，从受害方变成了加害方，不免令人唏嘘。与此同时，板上钉钉的案件证据与事实也给申诉人上了一堂深刻的法治教育课，日常生活中应当通过合法途径来维护自己的权益，切不可因一时冲动而犯下不可挽回的错误。所谓寓教于中，法治教育正是在检察听证中“润物细无声”地推进推广。

民生无小事，枝叶总关情。小案件也能彰显民生大情怀。办好每一起刑事申诉小案件，做到不忘初心，如我在诉，久久为功，就必然能让更多人民群众在我们用心用情的执法办案中感受到公平正义，感受到法治温暖。在人民群众对检察产品更高的要求中，我们将以求极致的精神向着“止于至善”的目标而不断努力。

承办检察官：顾静薇
案例撰写人：黄佳倩

推进公益诉讼

上海某公司消费侵权行政公益诉讼案

——诉前检察建议督促行政监管，
维护消费领域社会公共利益

◆ 关键词

消费侵权 行政公益诉讼 社会组织 公开听证 企业合规

◆ 要旨

商品和服务消费领域中虚假宣传、套路推销、诱导及强制消费等问题屡见不鲜，严重侵害众多消费者合法权益。检察机关选取明显违反法律强制性规定、没有其他适格主体可以提起诉讼的典型案件，适时启动公益诉讼立案调查，督促行政机关加强执法监管。组织召开听证会，准确把握公益损害程度和提起公益诉讼的必要性，达成共识。检察建议提出后，积极跟进监督，联合行业协会商会、消费者权益保护社会组织、合规领域专业人员成立第三方监督评估组织，开展企业合规治理，促进

合法经营，落实实质性整改标准，维护良好的消费秩序和消费环境。

◆ 基本案情

上海某公司自成立以来，通过抖音、微信公众号等网络平台发布“19.9元摄影套餐”商业广告，以极低价格吸引消费者至店内拍摄照片。在提供服务过程中，公司工作人员以升级套餐、附加消费、限制删除照片、强行推销等方式侵犯消费者的知情权、选择权和公平交易权，并以格式条款规定不合理的高额违约金，对部分没有支付能力的消费者要求开通网贷借款支付。2019年至2020年，虹口区消费者权益保护委员会（以下简称虹口区消保委）接到消费者关于该公司的消费侵权投诉达42人次，另有52名消费者自发组成“××维权微信群”，通过多种方式开展维权，但收效甚微，消费者的合法权益得不到应有维护。上海某公司在经营活动中长期存在恶性欺诈消费者的行为，违反消费者权益保护法、价格法、广告法等相关法律法规，损害社会公共利益，且具有极高的隐蔽性和伪装性，行政执法机关难以通过日常执法检查发现问题收集证据，通过消费投诉、民事诉讼手段也难以制止经营者恶意侵权行为。

◆ 检察机关履职过程

一、线索发现

2021 年 1 月，虹口区消保委在接到两名大学生消费投诉后，根据会签的合作协议，向检察机关移送线索。上海市虹口区人民检察院（以下简称虹口区检察院）经初步调查发现，上海某大学两名女大学生，在“抖音”平台看到上海某公司发布的“19.9 元摄影”套餐广告后到公司购买服务，经公司极力推销签订“1100 元套餐”产品，在拍摄过程中又被公司强行搭售化妆品、升级套餐产品、限制删减照片、推销高价相册等，诱导并强迫二人签订总价为 24000 元的补充协议。当二人提出系在校学生无力支付时，被公司要求向亲友借款并开通网贷消费。虹口区检察院依法对两名大学生支持起诉，法院判决双方解除合同，上海某公司返还 18600 元。虹口区检察院经过深入调查发现，虹口区消保委自 2019 年以来接到针对上海某公司的投诉多达四十二次，普遍反映该

公司存在恶意欺诈、强迫消费等问题，虹口区消保委多次帮助消费者维权，该公司均不配合，也拒不改正，侵害行为仍在不断发生。经报请上海市检察院批准，虹口区检察院于2021年3月2日以公益诉讼立案调查。

二、调查核实

通过调取相关证据、赴涉案公司现场调查、走访虹口区消保委，以及对52名“××维权微信群”的消费者群体继续开展线上调查，进一步扩大取证范围，查实违法行为造成公益损害的广泛性、严重性。上海某公司违法违规经营的主要表现有：1.低价引诱，层层加码。通过发布虚假广告以极低价格引诱消费者来店，在服务过程中不断强行升级摄影套餐产品、搭配销售化妆液、乳贴、高价相册等附加产品。2.制造障碍，限制选片。在消费者挑选照片时，故意打乱顺序，快速切换，并且限制选片次数，不让多看多删，硬行打包，致使消费者被迫买下超出自己意愿数量的照片。3.软磨硬泡，围追堵截。在消费者拒绝时，公司员工会将消费者带到单独隔间或者屏风后，采取多人轮番上阵、反复推销、持续纠缠、洗脑灌输、限制出入等方式，诱使或者迫使消费者接受高价服务。4. 要求并指导网贷消费。公司要求没有支付能力的消费者当场致电父母亲友要钱借钱，并诱导使用消费信贷，且指导消费者提供虚假个人资料等方法提高借贷额度，甚至直接使用消费者手机操作网贷。5. 变相滞留，制造压力。公司故意预约消费者傍晚到店选片，拖延推销过程至深夜，对单身女性消费者制造心理压力，致使其因担心夜间安全被迫签约付款。6. 以高额违约金作威胁。不向消费者提供书面合同，在仅由公司持有的服务协议及补充协议中，以格式条款的形式规定极不合理的高额违约金，并以此为要挟，拒绝消费者解除合同。

三、监督意见

虹口区检察院主动与相关各方沟通，通报案件情况，制订听证会工作方案。3 月 25 日，组织召开上海某公司“消费侵权行政公益诉讼公开听证会”，经过闭门评议，听证员一致认为上海某公司违法情节严重，损害广大消费者合法权益，应当由行政机关依法对其行政处罚，责令整改。4 月 2 日，虹口区检察院向相关部门送达《检察建议书》，建议根据消费者权益保护法、价格法、广告

法以及《上海市消费者权益保护条例》相关规定，依法履职，及时查处。

四、监督结果

制发检察建议后，有关部门立即责令上海某公司停业整改，撤销虚假广告，落实明码标价，修改格式合同，建议商家参照民法典中的冷静期条款增设有利于消费者的内容，并依法作出行政处罚决定。上海某公司对行政处罚决定表示接受，履行罚款缴纳义务，并作出实质整改。其通过网络平台向社会公众公开赔礼道歉，作出依法合规经营承诺，撤回虚假广告，落实明码标价。为防范公司员工过度推销和消费者冲动消费产生矛盾纠纷，该公司在新版合同中增设“冷静期条款”，同时依法调低合同违约金比例至20%。在处罚整改期间，虹口区检察院与行政机关协同，同步开展企业合规治理，成立由区总商会、区消保委及合规专业律师组成的第三方监督评估组织，并于2021年7月29日向上海某公司制发企业合规检察建议。上海某公司自愿接受合规治理，进一步作出了经营调整，完善公司管理制度和消费投诉、纠纷处理机制，在营销推广、提供服务等方面加强审核监管，在公司内部开展必要的法律法规、职业道德、社会责任的教育培训，提高员工法律意识。本案的办理被多家知名法治栏目正面报道。

◆ 典型意义

一、把握必要性和典型性要求，积极稳妥开展消费维权领域公益诉讼

摄影服务、旅游服务、美容美发健身等行业，是消费领域投诉的“重灾区”。上海作为国际消费中心城市，高度重视打造良好消费市场交易秩序。消费公益诉讼是消费维权的重要补充手段，也是维护消费市场秩序，促进社会主义市场经济健康发展的重要保障。本案在立案审查过程中，积极稳妥把握公益诉讼案件范围的审查，主要需要考虑以下几个因素：一是是否存在社会公共利益遭受严重侵害或者侵害风险；二是侵权行为明显违反法律强制性规定；三是行政执法仍有空间可以采取进一步行政手段维护公益；四是没有其他适格主体可以提起诉讼，难以通过普通民事、行政、刑事诉讼有效实现公益保护。综观本案，上海某公司长期存在恶性欺诈消费

者的违法侵权行为，受害者人数众多且不特定，严重损害消费者的知情权、选择权和公平交易权，违背自愿、平等、公平、诚实信用的交易原则，损害众多不特定消费者的合法权益。消费者在单独的个案中处于弱势地位，被套路或者被迫签订不平等的合同，在一对一证据情况下无法证明相关权益被侵害的事实，通过消费投诉、民事诉讼、磋商调解也很难完全维护自身的合法权益。相关社会组织帮助维权手段有限，面对该类商户亦难以发挥作用，检察机关确有必要履行公益诉讼职能，督促行政执法机关依法履职，对该公司的违法行为作出行政处罚并加强监管，维护公共利益不受损害。

二、加强与社会组织的配合衔接，发挥双方在公益维权领域的协同作用

公益诉讼中社会组织的参与具有非常重要的意义，充分发挥好社会组织的参与作用，可以起到事半功倍的作用。《上海市人民代表大会常务委员会关于加强检察公益诉讼工作的决定》中指出，承担环境保护、消费者权益保护、特殊群体权益保护等职责的社会组织，应当积极履行公共利益保护职责。检察机关应当为相关社会组织提起公益诉讼提供必要的支持，加强与相关社会组织的信息沟通和案件线索交流，推动形成多元主体共同维护公共利益的工作格局。消费者协会和其他消费者组织是保护消费者权益的社会组织，依法开展保护消费者合法权益的活动。当社会组织无能力履行职责时，可以就消费者合法权益的问题，向检察机关反映。2018 年，虹口区检察院就已在区消费者保护组织设立“公益诉讼检察官办公室”，并根据区域特点签订消费民事公益诉讼协作机制框架协议，利用各自优势互相协作、密切配合，畅通公益诉讼案件线索来源渠道，建立公益诉讼工作联动机制。本案最初的线索发现，即虹口区消保委在接到两名大学生消费投诉后，根据会签的合作协议，及时向检察机关移送了线索。此外，检察机关在调查核实过程中，应当充分借助社会组织的力量，发挥其平台和资源优势。必要时，可以聘请社会组织工作人员参加调查取证，邀请社会组织代表参加检察听证活动，还可以选任社会组织相关人员组成第三方监督评估组织，共同监督提供商品和服务的企业依法合规经营。

三、检察机关积极稳妥拓展公益诉讼案件范围，应加强公开听证办案方式的应用

目前，公益诉讼法定领域包括生态环境与资源保护、食品药品安全、国有财产保护、国有土地使用权出让、英烈权益保护、未成年人权益保护、军人地位与权益保障、安全生产、个人信息保护、反垄断十个领域，而新领域的公共利益保护范围广泛，检察机关应严格遵循相关审批和备案程序，积极、稳妥开展工作，在更宽领域、更大范围依法保护国家利益和社会公共利益，回应涉及面广、急难愁盼的民生问题。本案中虹口区检察院通过线上线下深入调查，扩大取证范围，进一步查实违法行为造成损害的公益性、广泛性、严重性。在案件办理中组织召开听证会，有助于准确把握国家利益和社会公共利益遭受的损害程度、检察机关提起公益诉讼的必要性，以及行政机关的法定职责，增强法律监督的针对性和实效性。聘请人大代表、人民监督员担任听证员，邀请具有相关行政执法职责的多个行政机关，以及消费者权益保护社会组织、区消保委参加听证，还专门邀请了三名消费者代表出席，陈

述遭受侵权的事实。多方的共同参与、意见发表，有效保障了各方的知情权、参与权，形成公益保护的共识和合力。2021 年 11 月 24 日，虹口区检察院再次陪同上海市人大代表、政协委员赴企业门店开展“回头看”督查。上海某公司已恢复正常经营，现场未查见虚假宣传、商品强制搭售等问题；经询问在场消费者，消费体验良好；经查看销售资料，门店已落实新版服务合同。

◆ 相关规定

《中华人民共和国消费者权益保护法》第八条、第九条、第十条、第十六条第三款、第二十条、第二十六条第二款、第三款

《中华人民共和国价格法》第十四条第四项、第八项

《中华人民共和国广告法》第八条，第二十八条第一款、第二款第二项、第五项

《上海市消费者权益保护条例》第九条、第十条、第十六条、第二十三条、第二十六条

◆ 办案札记

检察公益诉讼是在国家治理体系和治理能力现代化进程中应运而生的成果。检察公益诉讼是围绕公共利益保护而开展的司法活动，是对公共事务进行间接管理的方式之一。检察公益诉讼独特的履职形式有助于弥补行政执法力量的有限性以及社会事务的复杂性所造成的监管盲区，有助于推动解决特定领域公益保护相对薄弱的问题。公益诉讼五周年以来，检察公益诉讼始终与新时代人民群众的美好生活需要联系在一起，我们办理的每一起典型案件都体现了检察公益诉讼以人民为中心的初心与担当。回顾本案，亦是收获满满。

一是办案效果上，本案充分体现了公益诉讼正在为实现高品质生活，建设国际消费中心城市发挥着积极作用。在上海这个超大型城市中，公共利益更多地体现在与群众密切相关的生活领域。消费与每个人都息息相关，在消费者保护领域，如共享单车、保健品营销、单用途预付卡服务等领域，存在产品或服务缺陷、未作真实说明、明确警示、虚假宣传、不公平不合理条款等不正当竞争及垄断行为。上海作为国际消费中心城市，高度重视打造良好消费市场交易秩序，许多人大代表、政协委员和社会公众希望检察机关对群众关心关注的损害公益问题实施及时有效的保护。但本案并不是典型的公益诉讼受案范围内的线索，合理充分地研判它与社会公共利益的关系就显得尤为必要。为此，我们做了大量的调查研究，深度翻查了 2019 年以来所有的投诉，对 94 起线上线下投诉线索一一排摸，对重点人员一一询问，厘清层层套路，明确公益受损的广泛性和严重性。在法律研判和行政监管职责研判时，我们梳理了广告法、价格法、民法典、消费者权益保护法、治安管理处罚法等多个法律，以及行业主管部门和行政监管部门的各自职责。但适用哪些法条更精准？哪家行政机关执法更有效？两年来对于投诉和报警，行政机关采取调解方式处理，那对检察建议提出的行政处罚又能否接受？这些问题我们在制发检察建议前要一一慎重解决。

二是办案方式上，本案生动展现了检察监督一体推进、融合履职的办案样态。立足社会治理拓展检察新领域，是“检察之治”守护人民美好生活的新维度。本案原是一起消费维权个案引发的私益诉讼，但随着对这家

公司的全面调查，我们发现本案中的消费维权困境可能涉及多项检察职能。案件中的消费套路，明显是精心设计，针对广大消费者的恶意侵权。我院召开刑事、民事、公益诉讼检察官联席会议，讨论后依据现有证据，暂时排除刑事犯罪的追究可能，而民事检察和公益诉讼则依据各自职能立即开展相应工作。从民事的角度我院决定支持两名大学生对影楼提起民事诉讼。在决定对个案依法支持起诉后，公益诉讼接棒来完成检察监督的后半篇文章。公益检察官关注的是，“天价套路”屡屡得逞的原因、对公共利益的损害程度以及治理路径。本案的办理不仅仅是两个检察领域内各自独立的深耕细作，更展现了检察监督一体推进、融合履职的全新样态。从特价变天价，再到天价被判决退还，天价也可24小时撤销，民事检察与公益诉讼完美融合，组拳出击，通过检察办案形成重契约、讲诚信的良好社会氛围，通过检察办案参与社会治理，助力区域法治化营商环境，最终我院民事检察、公益诉讼双剑合璧、击破套路，在个案办理上实现了“1+1＞2”的办案实效。

三是办案理念上，本案更加注重抓溯源、治根本，抓前端、治未病的目标追求。公益诉讼案件中的涉案企业追求自身盈利而损害公共利益，普遍存在着违法违规经营和管理不善情况。检察机关对涉案企业，不能督促行政机关简单一罚了之，对于有条件的企业，可以联合行政机关开展企业合规治理。本案中，为落实“六稳”“六保”国家战略，虹口区检察院在研判涉案企业整体情况及古风摄影行业发展后，在上海某公司接受处罚整改期间，与行政机关协同开展企业合规治理，并将合规纳入督促整改同步推进。成立由区总商会、区消保委及合规专业律师组成的第三方监督评估组织，并制发企业合规检察建议。第三方监督评估组织对合规承诺进行独立调查、评估、监督和考察，帮助其建立完善企业内部各项合规制度，最终将考察结果反馈检察机关作为依法处理案件的重要参考。企业合规治理也是一种溯源治理，将检察职能延伸到背后的制度缺失、管理不到位等治理问题。合规工作的开展还进一步延伸公开听证效果，邀请听证各方参与到企业合规治理中，进而建立第三方监管机制，共同研究制订合规工作方案，监督企业履行合规承诺，完善管理制度。将公益诉讼检察建议整改落实“回

头看”与企业合规检查、评估相结合，实现办案效果最大化。检察机关通过探索公益诉讼企业合规，既给涉案企业以深刻警醒，防范后续违法、犯罪行为的发生，又引导企业走上合规经营的发展正道，为相关行业提供治理样板，同时也实现对民营经济的平等保护，助推法治化营商环境建设。

承办检察官：崔晓丽、万力
案例撰写人：崔晓丽、李琳

检察公益诉讼守护人民群众脚底下的安全

——区域窨井盖治理专项公益监督案

◆ 关键词

窨井盖养护　网格化管理　区域治理　多部门协同　机制建设

◆ 要旨

检察机关在履行公益监督职能时发现，区域窨井盖治理存在修复不及时、权责不明晰等问题，造成安全隐患未得到及时消除，社会公共利益受到侵害的较大风险。在全面调查核实的基础上，综合运用行政公益诉讼和民事公益诉讼办案方式，依法向窨井盖监管部门、产权单位制发检察建议，推动协同治理，及时修复养护涉案窨井盖。在具体案件之外，检察机关积极推动制度建设，将专项实践中的权属确认机制、监管争议解决机制等经验及时转化为协作意见，形成区域窨井盖治理长效机制。

◆ 基本案情

上海市虹口区人民检察院（以下简称虹口区检察院）根据区域网格平台反映的窨井盖养护工单处置不及时的情况，对于网格平台窨井盖的派单情况以及 12345 市民服务热线线索进行了系统梳理，从中发现一些破损较为严重以及长期未得到处理的窨井盖案件线索。经现场调查核实，发现仍有三十余处窨井盖未得到修复。相关窨井盖分布于城市道路、公共绿化带、小区商业楼物业范围内等处，井盖隐患类型包含破损、翘起、移位、凹凸不平等。产权单位涉及城市供水、排水、电力、电信等多个主体，监管单位包括绿化市容、属地街道等十余个主体。

上述窨井盖养护问题陆续被发现后，长时间没有得到补缺修复，窨井盖周围也没有警示标志，安全隐患问题长期存在，对于行车和行人安全产生现实危险。至 7 月、8 月，上海市进入防汛防台关键时期，案件中反映的窨井盖问题造成的风险显著增加，相关窨井盖亟待修复。

进一步调查发现，相关井盖涉及多部门、多单位管理，加之权属难辨或分布于监管边界地带，造成权属不清、监管争议等问题，因而长期未得到养护修复。

虹口区检察院通过行政公益诉讼和民事公益诉讼办案的方式，在查清案涉产权单位和监管部门基础上，督促监管部门履行缺损窨井盖的通知、安全警示和代履行修复职责，并督促产权单位积极配合好监管单位，履行好第一责任主体应承担的修复责任。监管部门和产权单位在收到检察建议后，均及时回应，修复好全部涉案窨井盖，并主动作为，排查更新一批老旧窨井盖。

在专项工作后，虹口区检察院牵头起草并会签《关于加强和完善窨井盖治理协作配合工作的意见》，为窨井盖长效治理提供制度遵循。

◆ 检察机关履职过程

2021年年初，在与上海市虹口区网格化管理部门城运中心进行工作联系时，虹口区城运中心向虹口区检察院反映在派发窨井盖有关的养护工单中，由于涉及多部门、单位协调，问题窨井盖的修复往往得不到及时解决。

2021年4月至7月，虹口区检察院针对区域内窨井

盖治理问题，联合虹口区城运中心进行了系统调查研究，对于网格平台窨井盖的派单情况以及12345市民服务热线线索进行了梳理，发现平台内仍有大量工单处于没有处置情况。虹口区检察院排摸上百处未修复井盖工单所涉点位，发现仍有三十余处长期未得到修复或者破损严重的窨井盖，分布于城市道路、小区内、小区及商业楼外围、小区间公弄、公共绿化带等处。上述窨井盖问题被陆续发现后，相关窨井盖在较长时间没有得到补缺修复，窨井盖周围也没有警示标志，安全隐患问题长期存在，对于行车和行人安全产生现实危险。

根据当前的法律规范和实践，窨井盖的损坏等异常情况的维修养护，以“谁所有、谁负责”为原则，产权单位是井盖补缺和修复的第一责任主体。同时根据窨井盖所处位置，由相关管理部门履行日常的监督管理、缺失损坏井盖通知、安全警示和代履行修复等职责，具体划分为城市道路井盖由建管委、绿化带内井盖由绿化市容部门、物业范围内由属地街道分别负责。但实践中，由于窨井盖权属不清等问题，造成窨井盖养护修复的不到位。

对于相关三十余处窨井盖，虹口区检察院经研究发现大部分存在权属不清、管理争议或者沟通不畅的问题。其中一些窨井盖存在外观没有权属标识、标识不清、标识错乱问题；一些窨井盖，涉及物业红线争议、内部道路管理真空问题；一些窨井盖，产权单位和监管部门存在沟通不畅问题。上述问题涉及行政机关日常执法中的难点，虹口区检察院通过开展现场会的方式对这一问题予以解决，邀请可能的监管部门、产权单位共同到场，在现场确定责任归属。

2021 年 8 月间，虹口区检察院根据调查确定的事实，就长期未得到修复的窨井盖养护问题，同时启动行政公益诉讼和民事公益诉讼办案程序，通过检察建议督促监管部门履行缺损窨井盖的通知、安全警示和代履行修复职责，并督促产权单位积极配合好监管单位，履行好窨井盖修复的主体责任。

2021 年 9 月间，各监管部门和产权单位积极回应，修复本案涉及的全部窨井盖，此外还主动作为，更新修复一批老旧窨井盖。

2021 年 9 月 28 日，为推动区域窨井盖治理，虹口区

检察院召开“守护‘脚底下的安全’虹口区窨井盖治理研商会”，并邀请包括行政机关和产权单位在内的21家单位，共同研商探讨窨井盖治理，达成需理顺窨井盖养护和监管体系，构建协同高效的井盖管理机制的共识。

会后，虹口区检察院根据专项工作中形成的经验，并结合与会各单位的共识，牵头起草《关于加强和完善窨井盖治理协作配合工作的意见》，该文件以解决实际问题为导向，对于窨井盖养护问题的发现、权属确认、责任划分、沟通反馈等方面，提出系统的解决方案。该意见目前已由各单位会签。

◆ 典型意义

近年来，虹口区检察院围绕“头顶上的安全”“脚底下的安全”“电动车安全”等与民生民利高度相关的领域，系统参与社会治理。“脚底下的安全”属于城市公共安全范畴内的重要内容，与人民群众日常的出行安全高度相关，同时关涉安全生产方面内容。虹口区检察院结合区域特点，通过个案办理、类案治理、机制建设，为保护“脚底下的安全”提供了虹口方案。

一、数字化加检察公益诉讼，共同守护“脚底下的安全”

窨井盖安全管理，被上海市人民政府办公厅发布的《关于认真解决城市管理领域涉及群众利益若干问题实施意见》列为需要重点关注解决的民生领域问题之一，并被纳入网格化数字管理。窨井盖数字管理为城市运行的精准治理和靶向治疗提供了基础。窨井盖问题治理，既要有应急处置，也要有日常养护，通过数字化网格化管理，做到早发现，早处置。虹口区作为上海市中心老城区，人流车流密集，加上近年来大规模旧房改造，窨井盖损坏等问题常发。虹口区检察院和虹口区城运中心联手，借助区城运中心在精准认定缺损井盖的位置、情形的大数据优势，在窨井盖问题产生实际危害之前，靠前一步，根据区城运中心主动反映的窨井盖养护问题工单落实不及时情况，主动作为，共计推动数十处长期未得到修复的窨井盖问题的解决，有力守护人民群众“脚底下的安全”。

二、督促之诉、协同之诉，合力治理井盖问题

虹口区检察院综合运用民事公益诉讼和行政公益诉

讼办案方式，成为各主体之间的黏合剂和问题解决的助推器。运用民事公益诉讼的办案方式，明确各个产权单位作为第一责任主体所需要履行的窨井盖修复的主体责任。通过行政公益诉讼的办案方式，厘清各监管单位在缺损窨井盖的通知、安全警示和代履行修复方面的责任。充分发挥检察机关的法律监督优势，在确定事实、梳理法律的基础上，形成治理合力。

对于窨井盖权属不清、多头管理的问题，虹口区检察院从窨井盖外观、位置判断入手，并运用现场会的方式，邀请有关监管部门、产权单位同时到场，当场明确权属和管理关系，推动形成治理合力。在落实问题解决的过程中，虹口区检察院始终做到主动问需，了解各监管部门、产权单位存在的困难，成为问题解决的纽带。在跟进监督的过程中，虹口区检察院邀请虹口区城运中心等单位同时到场，共同确认整改效果。

三、形成共识、会签意见，构筑长效安全防护网

在推动个案问题解决的同时，虹口区检察院将目光放在类案治理和长效机制建立之上。虹口区检察院组织包括监管部门和产权单位在内的21家单位共商区域窨井盖治理，围绕在办案中发现的窨井盖权属不清、养护问题发现不全面、行政监管多头管理、互通机制不畅、井盖修复标准不一等问题进行了系统探讨。根据研商会情况，制定并会签《关于加强和完善窨井盖治理协作配合工作的意见》，意见中包含窨井盖责任认定、问题发现、权属确认、监管争议解决等以解决实际问题为导向的条款和机制，构筑长效安全防护网。在相关法律法规较为笼统，本市专门规范窨井盖的规范性文件已经失效的情况下，通过会签文件，起到一定堵塞漏洞、填补空白之效，为未来地方立法提供参考。案件的办理得到各方一致高度评价。

◆ 相关规定

《中华人民共和国民法典》第一千一百六十七条、第一千二百五十八条

《城市道路管理条例》第六条、第二十三条

《物业管理条例》第五十一条、第五十五条

《城市绿化条例》第七条、第十七条、第二十二条

《上海市城市道路管理条例》第四条、第十七条、第

四十二条

《上海市住宅物业管理规定》第五条、第六十条

《上海市绿化条例》第四条

《中华人民共和国行政诉讼法》第二十五条第四款

《最高人民法院、最高人民检察院关于检察公益诉讼案件适用法律若干问题的解释》第二十一条第一款

《人民检察院检察建议工作规定》第三条、第五条

◆ 办案札记

随着公益诉讼检察工作的推进，案件范围领域逐步拓宽，通过个案办理、类案治理、机制建立，我们深入参与到社会疑难问题治理的方方面面。很多问题看似简单，但是背后的事实、法律问题却十分复杂。公益诉讼检察办案的过程，是一个抽丝剥茧精准认定事实的过程，是梳理大量法律规定研判职责和行为规范的过程，更是搭建平台协同、督促治理的过程。

2021年年初，区相关部门向我们反映井盖工单得不到及时解决。我们当时是有些疑惑的，修复破损井盖在技术层面上看，没有任何难度。拿到这些井盖工单后，我们发现涉及的井盖种类繁多，产权单位复杂，牵涉管理机关达到十余个。纷繁复杂的事实和法律问题一时让我们摸不到切入点。“化繁为简”，我们将问题归纳为三个步骤解决，第一步确定谁的井盖，第二步确定谁来监管，第三步协调推动个案解决、类案治理。

一、抽丝剥茧，反复研判，准确认定事实

就像“谁家的房子谁来修”一样，井盖修复的第一责任人也是井盖的产权单位。根据井盖相关技术性规范，井盖的表面应当能够识别产权单位。但是现实的情况比法律的规定要复杂许多。

我们发现许许多多情况：一是无法识别型。在一些井盖表面根本看不到任何标志或者标志模糊，这一情况在水泥井盖上体现得尤为明显，大部分的水泥井盖根本无法从外观判断产权单位。二是识别模糊型。一些井盖表面只有类似“电”“弱电”“强电”标识，其实质只是代表下面有电缆线通过，也无法明确是电力公司的井盖。三是张冠李戴型。我们在办案中也发现存在井盖里面还有井盖而两个井盖标明的产权单位不同，另外还存在借用其他产权单位井盖等情况。这些情况会造成依据外观

判断情况权属产生错误。四是无人认领型。一些井盖下方明显有被填平过的痕迹，很可能为废弃井盖，但是填平时操作不当，造成路面坑洼，甚至有钢筋突出。这些废弃井盖往往无人认领修复。

咨询井盖主管部门的专业意见后，我们又继续通过打开井盖查看缆线上的标识，以及井盖所处的位置判断大致的产权单位等方式，锁定一些井盖的产权单位。但是仍然有许多井盖无法认定产权单位。经过讨论，我们创新方式方法，采用现场确认方式来解决这一难题，邀请可能的产权单位、行政机关共同到场，当场确定权属单位，准确认定事实情况。

二、精研法律，协调各方，厘清职责关系

如同井盖的产权单位众多，井盖的监管部门也很多，属于典型的多头管理问题。马路上、小区内、绿化带内的井盖分属不同的监管部门。

在确定谁来监管上，我们遭遇了一些困难。这主要是物业红线和围墙外围不重合造成的。在一些围墙边缘地带的井盖，小区物业主张是马路上的井盖，而市政部门主张是小区内的井盖。我们协调几方一同到场，结合物

业红线、井盖产权、使用情况等，最终确定了监管部门。

在确定职责内容上，我们梳理大量法律规定，与行政机关做了沟通解答工作。有关井盖的法律规范多达数十部。行政机关的监管职责包括缺损井盖的通知、安全警示，代履行修复等职责。针对属地责任和主管责任的划分问题、通知责任和代履行责任的履行问题，我们和行政机关进行了充分沟通，最终达成一致意见。

三、搭建平台，归类情况，建立协作机制

根据发现的个案情况，我们进行了问题的归类和梳理，包括井盖线索的发现、通知、监管责任、沟通协调等几大方面共计15项问题，并组织召开区域窨井盖治理研商会。各单位各抒己见，进行有效沟通。会后，产权单位和行政机关由沟通不畅导致的井盖迟迟没有得到修复的情况得到很大程度的解决。产权单位还根据虹口区老旧井盖较多的客观情况，主动更新了一批井盖。

我们并没有局限于搭建一个对话平台，在研商会的基础上将目光放在建立长效防护机制上。考虑到上海市关于井盖的专门性规范已经失效，我们根据本次办案的经验，草拟本区井盖治理的相关协作意见。在多次征询

意见的基础上，最终牵头会签相关文件，为“脚底下的安全”提供长效防护网。

从现象到本质，从事实到法律，从个案到类案，从类案到机制，每一个公益诉讼案件的办理都倾注了公益诉讼办案团队集体的智慧。内部沟通、外部协作，单位内部、相关单位也给予了大力的支持，以此为基础，最终实现公益的更优保护。

承办检察官：刘洋

案例撰写人：刘洋

"有爱无碍"

——老年人群体"信息无障碍"权益保护公益诉讼案

◆ 关键词

行政公益诉讼　诉前程序　老年人权益保护　智能技术应用　信息无障碍

◆ 要旨

针对餐饮企业、文化场馆、医疗机构等场所过度使用线上点餐、线上预约、线上支付等智能技术，给老年人群体的消费、文娱、就医等日常生活带来诸多不便，产生智能技术应用的"信息障碍"，检察机关广泛开展社会调查，制发检察建议，督促市场监管、文化旅游、卫生健康等主管部门加强监管，推动解决老年人运用智能技术困难，跨越"数字鸿沟"，共享现代科技信息化发展成果。

◆ 基本案情

2021 年 1 月，上海市虹口区人民检察院（以下简称虹口区检察院）通过对 12345 市民服务热线中的投诉线索进行梳理，发现数十条有关内容涉及消费领域拒收现金、无线下服务、文娱领域必须线上预约等问题。经进一步调查，又发现区域内多家连锁餐饮企业、药店拒收现金或要求线上点单消费，文化场馆未保留人工窗口、为老年人保留线下免预约名额，医疗机构未提供专家号现场预约号源等问题，导致部分老年人群体在消费、文娱、就医等日常生活中的合法权益受到侵害。

根据国务院办公厅 2020 年 11 月发布的《关于切实解决老年人运用智能技术困难的实施方案》，要求卫生健康、市场监管、文化旅游等多个部门依托各自职能，聚焦涉及老年人的高频事项和服务场景，坚持传统服务方式与智能化服务创新并行，切实解决老年人在运用智能技术方面遇到的突出困难，并对于保留现金支付等传统线下金融消费方式、保留文体场所人工服务和老年人免预约进入名额、保留现场挂号就医名额提出明确规范。

《中华人民共和国消费者权益保护法》《中华人民共和国基本医疗卫生与健康促进法》《博物馆条例》等法律法规中，也对于消费者、就医人员权利保障提出相关要求。上述消费、文娱、医疗机构在利用智能技术提供服务过程中，未能落实相关规定，侵害了老年人接受服务的合法权益，相关行政主管部门应当依法监管。

◆ 检察机关履职过程

2021年年初，根据上级院统一部署，虹口区检察院参与到老年人信息无障碍权益保护专项工作中来。2021年2月、3月，虹口区检察院排摸一批相关线索，并根据上海市人民检察院批复以行政公益诉讼立案。根据本案涉及公共利益保护的特殊性，进一步依法开展调查履职：

一是主动排查。虹口区检察院制定《调查方案》，组织公益诉讼办案团队集中对于区域内老年人群体经常活动的商场、公园、餐饮店、药店、博物馆、美术馆、医院等上百个地点走访调查，现场开展订餐、购票、挂号、支付等活动，判断是否符合国办文件等规范要求，为老年人群体提供必要的线下服务或者指导，收集固定证据。

二是组织问卷调查。制作《老年人群体运用智能手机技术情况的调查问卷》，对内联合本院老年人刑事办案组，对外与区老龄工作委员会协作，通过市民驿站向老年人发放调查问卷380份。结果反映，有大量不使用或不会使用智能手机的老年人，在扫码支付、网络预约等智能技术运用上遇到困难，影响日常生活。

三是补充调查。公益诉讼办案团队根据问卷调查中老年人提供的具体线索，组织开展针对性调查，对于反映比较集中的多个医疗机构不提供现场专家号预约号和缺少人工服务的问题，补充调查取证，并进一步扩充了消费领域、文体领域内的侵权事实。

四是座谈会商。虹口区检察院专程赴区老龄工作委员会，共同召开老年人群体“信息无障碍”权益保护座谈会，反馈调查问卷汇总情况，就本区落实国务院《关于切实解决老年人运用智能技术困难的实施方案》及相关部委文件的情况进行调研，听取各方专业人员的意见和建议。

五是制发检察建议。主动走访了市场监管、文化旅游和卫生健康等行政监管部门，通报区域内相关餐饮企业、药店、博物馆、美术馆、医院等过度使用智能技术侵害老年人合法权益的情况，送达《检察建议书》。行政监管部门高度重视，即时对相关场所存在的问题督促整改，消除老年人日常生活中的“数字鸿沟”。

◆ 典型意义

公益诉讼检察办理好法定领域案件的同时，还需要高度关注党委和政府部门的中心工作，时刻关注社会热点问题，通过扎实的检察履职，助力经济社会的高质量发展。近年来，“数字鸿沟”问题已经引发社会的高度关注。老年人群体为国家和社会作出了重大贡献，在年老的时候应当享受到数字时代的红利，而不是和这个时代产生隔阂。过度信息化和单一化的方式，对于不会和不擅长使用智能设备的老年人群体的生活造成不便。公益诉讼检察的介入，正是为了和职能部门一同思考，如何为老年人群体的便利生活提供更优的方案。

一、应对老龄化，主动关注老年人群体利益保护

老年人群体在就医、消费、文娱等方面的需求和权益保障，已经上升为社会重点关注的问题。随着互联

网、大数据、人工智能等信息技术的快速发展应用，老年人群体面临着严重的“数字鸿沟”问题。近年来，各级人大代表、政协委员纷纷建议关注老年人“信息无障碍”需求，希望各有关方面协同配合，维护老年人群体合法权益。检察机关发挥司法能动性，通过公益诉讼督促行政监管部门依法履职，努力消除老年人群体日常生活中遇到的智能技术应用障碍，共享现代信息技术发展成果。

二、充分调查核实，联合老年人权益保护专门机构开展工作

老年人群体“信息无障碍”权益保护涉及领域广泛，涵盖社会生活的方方面面。虹口区检察院采取现场走访调查与向老年人群体发放问卷调查相结合的模式，借助市民驿站平台开展调查访谈，与老年人面对面沟通听取意见，对区域内相关问题进行了全方位的调研梳理。与区老龄工作委员会密切配合开展工作，发挥专门机构的作用，调研本区在保护老年人群体智能技术应用方面存在的问题以及遇到的困难，对调查中发现的问题会商研判，共同谋划解决对策。

三、加强沟通配合，推进老年人"信息无障碍"系统治理

解决老年人群体面临的"数字鸿沟"问题，不能单纯依赖于行政监管执法。虹口区检察院在公益诉讼履职中，加强与行政监管部门沟通联系，依托相关国家部委相继出台的行政规范性文件，推动区域内行政监管执法部门联合发力、配合履职，共同营造老年人群体"信息无障碍"权益保护的社会氛围，提高各相关行业、单位老年人权益保护意识，落实适老化改造措施，提供线上线下并行的服务便利，保障老年人群体的合法权益，打造尊老敬老护老的社会环境。

◆ 相关规定

《中华人民共和国消费者权益保护法》第九条、第十条、第二十六条、第三十二条

《中华人民共和国公共文化服务保障法》第七条

《中华人民共和国基本医疗卫生与健康促进法》第八十六条

《公共文化体育设施条例》第七条

《博物馆条例》第七条

《医疗机构管理条例》第五条

《医疗机构管理条例实施细则》第七十二条

《关于切实解决老年人运用智能技术困难的实施方案》

◆ 办案札记

科学技术的发展给我们的日常生活带来了实实在在的便利，现在我们只需要带一部手机，就能轻松的出行、消费、参与文体活动等。但是与此同时，在科技巨大红利的背后，一些过度信息化的情况，也给我们中的很多人造成了不方便。因为年纪、身体原因或者知识水平关系，有很多人仍然不会使用智能手机，而老年人群体这一情况比较突出。

2021年年初，上级检察院部署“老年人信息无障碍”领域公益诉讼工作，研判当前是否存在一些过度使用智能技术的情况，给老年人的生活带来不便以及公益诉讼检察如何发挥职能优势，推动这一问题的解决。收到这一办案要求，公益检察室的同志们立刻从以下方面展开工作：

一是判断"老年人信息无障碍"的公益侵害性和体现的主要领域。这是等外领域开展公益诉讼办案的必须步骤。"老年人信息无障碍"这一专业术语可能让人很陌生，但是换个词汇"数字鸿沟"，大家应该就不陌生。当今社会老龄化十分普遍。老年人是否遭遇到数字鸿沟？这一情况是否普遍？哪些方面问题突出？是我们要研究的问题。对于老年人，是否存在运用智能手机上的困难，在哪些方面的困难比较突出，我们通过现场调查和问卷调查相结合的方式，对内联合老年人刑事办案组，对外联合区老龄委一起进行了调研。调研现实，仍然有很大比例的老年人不使用智能手机，一些过度信息化的情况对他们的消费、就医等活动产生不利影响。

二是针对具体存在问题，分类施策推动解决。首先是扩充线索。除调查问卷中反映的具体线索外，我们还系统检索12345市民服务热线投诉、梳理各大平台网站中消费者的投诉情况，有针对性地对全区上百个餐饮店、文体场所、医院等点位进行排摸，从老年人的视角观察体验消费、文娱活动、挂号就医是否会存在不方便。经调查走访，确实发现一些餐饮店只提供线上点单消费，

文娱场所、医院人工服务不足等情况，给老年人的日常生活带来了一些不便。然后分类研究。消费领域、文娱领域、就医领域的突出问题是什么？什么机关负责监管？如何形成合力？我们运用系统思维，把“老年人信息无障碍”这一大概念进行剖析，最终又回到这一概念。推动市场监管局、卫生健康委员会、文旅局等单位对存在情况的场所进行了适老化改造，市场监管局还部署专项工作，对全区消费场所进行集中排查，对于存在问题的场所及时要求进行适老化改造。相关职能部门还推动在社区、市民驿站等处开办老年人学堂，帮助老年人学会使用智能手机。

三是座谈宣传多管齐下，营造爱老尊老氛围。在办案基础上，公益检察室与区老龄委进行座谈交流，了解区域老年人权益保护工作的现状、存在的问题，以及对本次专项工作开展的建议。与此同时，公益检察室也多次到市民驿站，当面了解老年人群体在运用智能设备上的困难，对专项工作的建议以及经过专项工作后、各方面的获得感是否有所提升。上海市电视台、央视对本案的办理进行了专门的报道，进一步扩大了办案的成效，让社会关注到在信息时代保护老年人群体权益的重要性，也看到公益诉讼检察在保护老年人权益方面所作的努力。

参与社会的综合治理是公益诉讼检察的一项重要工作目标。从一个社会现状、一个简单案件线索，如何发现关键问题，并推动形成治理合力，让人民群众的获得感、幸福感和安全感得到进一步提升，是我们努力的方向。

承办检察官：刘洋

案例撰写人：刘洋、陈思捷

加强法律监督

严某某、马某某合同诈骗案

——发起立案监督，不让犯罪分子逍遥法外

◆ 关键词

共同犯罪　合同诈骗　立案监督

◆ 要旨

刑事案件中，检察机关的能动履职贯穿于立案侦查直到出庭公诉的全阶段，此乃“审前主导地位”的应有之义。案件中发现极为反常的疑点时，应当充分发挥审前主导地位优势，大胆假设、缜密调查、明察秋毫，以“求极致”的工作标准，不让犯罪分子逍遥法外，体现检察官的职业担当。

◆ 基本案情

2016 年 3 月，被告人马某某与严某某等人结伙，由马某某等人从他人处购买居民身份证号等信息数百条交

由严某某，又由严某某冒用上海某公司员工名义，利用上海某公司的营业执照及私刻的公章、上述身份号码，骗取被害单位某通信公司的信任，先后在上海某公司实际经营地与被害单位签订了多份《合约计划免预存业务协议》，骗取被害单位交付的手机848部，共计价值4645210元。后上述被告人将赃物转卖并分赃用于个人使用。案发前，严某某归还了人民币2517342.2元，马某某并未归还任何钱款。

◆ 检察机关履职过程

上海市虹口区人民检察院（以下简称虹口区检察院）在审查起诉严某某合同诈骗案时，发现因其他犯罪而被羁押在本市嘉定区看守所的马某某涉嫌犯罪的线索，故于2019年8月27日发起立案监督。2020年12月24日虹口区检察院对马某某以诈骗罪批准逮捕。2021年7月8日，该案移送审查起诉。同年8月2日，虹口区检察院对马某某以合同诈骗罪提起公诉并适用认罪认罚从宽制度，且提出有期徒刑十年、并处罚金的精准量刑建议。同年8月31日，上海市虹口区人民法院（以下简称虹口区法院）对马某某以合同诈骗罪判处有期徒刑十年，并处罚金二十万元，连同其被上海市嘉定区人民法院（以下简称嘉定区法院）判处的前罪，数罪并罚判处有期徒刑十六年，剥夺政治权利两年，并处罚金二十四万元。

◆ 典型意义

一、挖掘线索自行侦查，夯实基础证据锁链

翻开严某某涉嫌合同诈骗案的卷宗，这似乎是一个案情相对简单的案件：被告人严某某非法获得公民个人信息后，冒充上海某公司员工，利用该公司的营业执照及私刻的公章、上述身份号码，取得某通信公司的信任，后以办理合约机的名义在上海某公司实际经营地与被害单位签订了多份《合约计划免预存业务协议》等合同，骗取被害单位交付的手机 848 部，涉案金额 200 余万元。然而，一名女子是如何打包、运输将近 150 公斤、2 辆小轿车才能装载的 848 部手机的呢？带着这样的疑惑，承办人就严某某在某通信公司取手机时是否有陪同人员向某通信公司取证。果不其然，

被害单位代表提及有一名自称是司机的男子陪同严某某出现在提取手机的现场。承办人遂针对本案是否有其他同案犯对严某某展开讯问。在被害单位陈述及监控录像面前，严某某承认了出现在提取手机现场的人员名叫李某某，李某某的联系方式在其手机中，同时交代了其因欠一名叫“陈某某”男子的钱款而骗取了某通信公司的手机。看来，案情没那么简单。

针对该线索，承办人向公安机关承办民警调取了严某某被保管的手机，并最终在手机通讯录里找到了李某某的联系方式。承办人电话联系李某某，李某某称其认识陈某某，但并不清楚陈某某与严某某之间是否存在债权债务关系，至于其是否看到过严某某将某通信公司合约机交给陈某某，其表示否认并称仅仅听严某某说起过，且未出现在提取手机现场。承办人将李某某、陈某某的情况反馈给公安机关，要求李某某前来制作笔录，后李某某始终不接听电话，公安机关表示与该两人同名同姓人员众多，且该李某某所使用的联系方式并非其本人实名登记。线索就此中断。

承办人向严某某反馈了李某某的辩解。严某某的表情有所松动，承办人遂进一步告知其“认罪认罚从宽”的刑事制度后，严某某说出了另一线索：李某某系一名叫马某某人员的“马仔”，马某某曾有故意犯罪前科。承办人立即再次联系公安承办人员，后发现马某某正因涉嫌“套路贷”诈骗而被羁押于本市嘉定区看守所，且有一名叫梁某某的同案犯同时在押，梁某某的惯用假名就叫“陈某某”。自此，本案全部被告人进入司法机关视野。

在向梁某某、马某某展开调查前，有两个问题需要考虑。第一，梁某某是不是“陈某某”？第二，两人会不会承认犯罪事实？我们先假定梁某某就是“陈某某”，再考虑到严某某所涉案值高达200余万元，可能判处十年以上刑期，而梁某某、马某某目前在押所涉嫌的“套路贷”诈骗本身就已经面临七年左右刑期。被告人是否可能为了逃避处罚而负隅顽抗？如果两人的说法完全一致，又与严某某的供述相左，那么对梁某某、马某某的指控将面临事实不清、证据不足的境地。因此，为了不打草惊蛇，消除犯罪嫌疑人的戒备心理，承办人决定仅对严某某骗取手机后的销赃方式、钱款去向等，要求梁某某、马某某以证人身份制作询问笔录。果然，梁某某

承认了其就是严某某口中的“陈某某”。马某某、梁某某的言词证据与严某某如出一辙，因此，一起三人共同谋划骗取某通信公司手机，数额“特别巨大”的共同犯罪案件浮出水面。

二、发挥担当不懈取证，主动提出立案监督

2019 年 7 月 31 日，承办人通过上海市嘉定区人民检察院（以下简称嘉定区检察院）案件管理中心，联系上了马某某案的承办检察官。据检察官介绍，梁某某确有冒名陈某某的情况，且二人已经被提起公诉至嘉定区法院。通过检察官的介绍，承办人从嘉定区法院法官处借得梁某某、马某某的提讯证。

考虑到梁某某、马某某目前在嘉定区法院审理阶段，案件难以直接移送，而且大量线索在本院掌握之中，承办人与嘉定区法院承办法官进行沟通，最终决定等待其判决后再让上海市公安局虹口分局启动刑事侦查程序。同时，为使梁某某、马某某放松警惕，防止其二人在公安机关启动刑事侦查后改变口供避而不谈其参与的合同诈骗事实，给案件后续侦查带来困难，虹口区检察院对该案立案监督并将线索移送给公安机关，要求其先就该

两人如何处理严某某骗得的手机展开讯问并以掩饰、隐瞒犯罪所得开展侦查。

三、公检联动相互配合，雷霆出击及时审结

该案的办理因某些客观因素，羁押场所全面封闭，给案件侦查、取证工作带来了不小的挑战。检察机关与公安机关形成联动机制，积极挖掘马某某涉案线索，后在某通信公司的848部手机入网实名信息中发现了马某某的登记信息，为案件后续办理提供了强有力的支持。最终，马某某面对如山铁证自愿适用认罪认罚从宽制度并同意获刑有期徒刑十年，后虹口区法院对马某某以合同诈骗罪判处有期徒刑十年，并处罚金二十万元，与前罪“套路贷”诈骗合并判处有期徒刑十六年，剥夺政治权利两年，并处罚金二十四万元。该案由于前期准备充分，使得可能判处十年以上有期徒刑的案件适用认罪认罚从宽制度，并在一个月内成功起诉并获有罪判决。

◆ 相关规定

《中华人民共和国刑法》第二十五条、第二百二十四条

《中华人民共和国刑事诉讼法》第一百一十三条

◆ 办案札记

一、勇于提起立案监督，当好犯罪的追诉者

2021年6月，中共中央下发了《中共中央关于加强新时代检察机关法律监督工作的意见》，强调了检察机关作为国家的法律监督机关，是保障国家法律统一正确实施的司法机关，是保护国家利益和社会公共利益的重要力量，是国家监督体系的重要组成部分，在推进全面依法治国、建设社会主义法治国家中发挥着重要作用。

进入新发展阶段，与人民群众在民主、法治、公平、正义、安全、环境等方面的新需求相比，法律执行和实施仍是亟须补齐的短板，检察机关法律监督职能作用发挥还不够充分。

实践中，有法不依、有案不立、有罪不究的情况仍然存在。刑事立案监督的意义，正是在于解决前述问题，同时减少和避免侦查机关在刑事立案活动中的随意性和盲目性，防止执法不严、司法不公等不良现象发生，也有利于加大打击力度，严惩刑事犯罪，确保刑事法律得到正确、统一的实施。

加强刑事立案监督，有利于加大打击力度，严惩刑事犯罪。特别是检察机关在办案中发现立案监督线索，直接介入侦查机关的刑事立案阶段，可以及时掌握侦查机关立案、破案情况，发现漏犯、漏罪等问题，纠正有案不立、不破不立、打击不力等侦查痼疾，有利于改变检察机关过去“坐堂办案”的被动局面。主动延伸到侦查机关办案的初期阶段，监督检查侦查机关办案、执法全流程，使监督的效果落到实处。

二、坚守客观公正立场，做好无辜的保护者

刑事诉讼的目的，除了追究犯罪，还在于保证无辜的人不受追究。国家应该追求最高的善，这就要求国家在任何时候都要避免自己犯错，特别是不能犯以合法方式侵害人的自由、财产和生命的错误。

检察机关作为国家的法律监督机关，对于防止无辜的人在司法活动中被追诉具有天然的防范职责。例如，侦查机关不应当立案而立案、长期“挂案”，以刑事手段插手民事纠纷、经济纠纷等情况，甚至刑讯逼供、非法取证等侦查违法行为。因此，检察机关需要始终秉持客观公正的立场，在自行补充侦查、调查取证以及审查证

据材料的同时，应当注重保护人员，避免无辜的人受牵连。例如，在一些刑事案件中，有的被告人出于各种原因供述了其他人员的犯罪线索，但是在案件进一步调查、取证、审查中，发现相关人员的定罪证据并不充分，此时应当秉承客观中立立场，切不可好大喜功、贪功冒进，肆意启动立案监督程序，导致无辜的人员受到牵连。尽管错误启动的程序最终可能得到纠正，但是肆意妄为的后果必定无法让群众在每一个案件中看到公平正义。

三、能动履职严格审查，努力成为中国特色社会主义法律意识和法治进步的引领者

刑事立案监督的案件，检察机关作为程序的启动者，更加需要强化基础证据审查，确保程序启动后能够顺利进行直至审判、执行。一般来说，要加强调查核实工作，精准开展法律监督。应当调取的相关卷宗、材料，应当询问的当事人、案外人或者其他有关人员，均应当调取、询问。确保程序发起之前，案件基本事实、情况能够摸得清楚、经得起推敲。

在案件立案并推进后，也要强化与侦查机关的联动工作。毕竟刑事证据的调取始终是以侦查机关取证为主、检察机关自行补充侦查为辅，大量的调查、取证工作由侦查机关来推动会更加便利、到位。需要指出的是，可能有的侦查人员在立案监督发起之前对检察机关的立案监督工作存在不理解的想法，因此需要对侦查人员做好释法说理，打开侦查人员的心结，让侦查人员能够放下思想包袱，轻装上阵。本案中也是如此。在案件移送审查起诉后，承办人与侦查人员进行了推心置腹的交流，侦查机关最终在案件提起公诉前夯实了全部涉案证据，为案件顺利办结提供了有力保障。

回顾本案，当法槌落下的那一刻，内心的成就感油然而生。在无数个日夜里，我们始终坚持以实际行动诠释着法律的真知，捍卫着公平正义。我们通过促进严格执法、公正司法，规范社会行为、引领社会风尚。打击刑事犯罪，保障公民权益，检察机关永远在路上。

承办检察官：王新新、沈忆佳

案例撰写人：朱拓程

崔某社区矫正监督案

——规范涉企社区矫正对象外出审批，为民营经济健康发展“松绑”

◆ 关键词

涉企社区矫正对象　外出审批　检察监督　民营经济

◆ 要旨

民营企业创业艰辛、发展艰辛，更需要法治的保护。规范涉企社区矫正对象外出审批工作，给予其充分关怀和正确引导，在有效发挥社区矫正“治病救人”功效的同时，为服务和保障民营经济健康发展提供优质高效的检察保障。

◆ 基本案情

社区矫正对象聂某，系某公司业务顾问，于 2021 年 5 月 7 日因犯职务侵占罪被上海市静安区人民法院判处有期徒刑七个月，缓刑一年（缓刑考验期自 2021 年 5 月

21日起至2022年5月20日止），并处罚金人民币一万元。该对象于2021年6月7日以“工作需要，确需本人外出处理”为由向上海市虹口区广中路司法所（以下简称广中路司法所）提出经常性跨市、县活动申请。

上海市虹口区人民检察院（以下简称虹口区检察院）在履行社区矫正检察监督职责中发现该情况后，通过走访调查、查阅申请资料及制作询问笔录，向上海市虹口区社区矫正管理局（以下简称虹口区社区矫正管理局）提出检察建议，建议该局调查核实社区矫正对象聂某相关情况并依法对其申请作出处理决定。经监督，虹口区社区矫正管理局于2021年9月11日依法批准聂某经常性跨市、县活动申请。

◆ 检察机关履职过程

一、线索发现

2021年6月9日，社区矫正对象聂某以“工作需要，确需本人外出处理”为由向虹口区社区矫正管理局、广中路司法所提出经常性跨市、县活动申请。根据虹口区检司配合通报机制，上海市虹口区司法局社区矫正中心

（以下简称虹口区社区矫正中心）向虹口区检察院刑事执行检察部门通报相关情况，虹口区检察院遂决定对该事项进行监督。

二、调查核实

承办人开展了以下调查核实工作：一是前往虹口区社区矫正中心查阅社区矫正对象聂某的社区矫正执行档案和工作档案，向聂某所在的广中路司法所矫正小组了解其日常表现，调取聂某申请经常性跨市、县活动提交的相关证明材料。二是在虹口区检察院询问室向社区矫正对象聂某制作询问笔录，向其了解其与某公司签订的顾问服务协议情况，并对聂某补充提供的相关书面材料予以核实。

三、监督意见

虹口区检察院经审查后认为，根据《中华人民共和国社区矫正法》（以下简称社区矫正法）第二十七条，《中华人民共和国社区矫正法实施办法》第二十九条，上海市高级人民法院等印发的《关于贯彻落实〈中华人民共和国社区矫正法实施办法〉的实施细则》第四十条、第四十二条的相关规定，社区矫正对象确因正常工作和生活需要经常性跨市、县活动的，可以根据情况，简化批准程序和方式。鉴于上述情况，拟向虹口区社区矫正管理局提出检察建议，建议该局根据社区矫正对象聂某的生活工作需要、矫正表现、管理等级、考核奖惩、企业的实际经营情况等评估其外出的风险大小，视情况简化批准程序和方式，如审批同意的，应同时通报本院，并强化其外出管理与法治教育。

四、监督结果

2021 年 9 月 11 日虹口区矫正管理局依法批准聂某经常性跨市、县活动申请六个月。

◆ 典型意义

本案的办理为解决司法实践中社区矫正对象“外出申请请假”问题提供了有益思路，是检察机关依法维护社区矫正对象合法权益和自觉服务保障经济社会发展大局相结合的一个缩影。

一、合法保障社区矫正对象权益，着力解决群众“急难愁盼”问题

回应新时代人民群众新要求，着力解决人民群众“急

难愁盼”问题，是检察机关落实“司法为民”要求的重要体现。检察机关依法履行社区矫正法律监督职责，要立足于厚植党的执政根基、维护社会秩序稳定，办理好事关社区矫正对象等人民群众切身利益的每一起“小案”，努力解决好人民群众操心事、烦心事、揪心事，不断提升人民群众的获得感、幸福感、安全感。检察机关在保障刑事执行依法进行、维护司法权威和公信力的同时，同时也要注重依法维护社区矫正对象合法权益。比如，虹口区检察院在开展派驻巡回社区矫正监督工作中，重点关注因刑罚执行导致家庭、就业、生活困难的矫正对象，了解他们对社区矫正工作的意见和个体需求。对于确有困难的对象，积极与法院、司法局等相关部门协调，完善矫正方案或者在法律政策框架范围内调整执行方式，从而促使社区矫正对象减少抵抗情绪，实现精准矫正、有效帮扶的矫治效果。

二、积极能动履职，对社区矫正机构的审批工作提出准确监督意见

开展社区矫正法律监督，应当自觉服务保障经济社会发展大局，对于社区矫正对象因生产经营需要等有正当理由的外出申请，社区矫正机构未批准，申请检察机关监督的，检察机关可综合社区矫正对象所在企业经营状况、个人在企业经营中的职责地位、外出理由是否合理紧迫、原犯罪性质和情节、社区矫正期间表现等情况，判断申请外出的必要性和可能发生的社会危险性，准确提出监督意见。对于社区矫正对象确因生产经营、就医、就学等正当理由申请外出且无社会危险性的，应当认定为符合社区矫正法第二十七条第一款规定，建议社区矫正机构依法予以批准。

与检察机关办理审查批准逮捕、提起公诉等案件相比，刑事执行检察更具有依法能动履职的特点。检察机关增强大局意识、为民意识、责任意识，充分结合地区经济发展特色和人民群众需要等实际情况进行深刻思考，形成正确的法律监督理念，主动审查发现监督线索，积极解决监督难点问题。在以往的工作中，虹口区检察院在办理刑事执行检察监督案件时，往往仅通过书面审查的方式进行监督，这种单一的监督方式难以发现实际存在的问题。为此在今后的工作中，虹口区检察院除审查提请机关移送的书面材料外，还计划通过实地走

访调查、调取相关资料、对相关人员检察面询等方式开展各类案件的实质化审查。比如在审查暂予监外执行保外就医的案件中，可以前往治疗医院调取相关病史记录，还可以向相关医护人员了解监管对象病情的实际发展情况，必要时可以邀请有专门知识的人参与，辅助对病情诊断以及相关医学材料的审查。对于病情恢复良好的对象，应及时收监，严防“纸面服刑”的情况发生。

三、“放得出”“管得住”，通过积极与各部门协作，采取高科技手段等方式加强动态管理

对于社区矫正机构批准社区矫正对象外出的，检察机关应当监督社区矫正机构加强对外出社区矫正对象的动态监管。社区矫正对象经批准外出，仍应接受社区矫正机构的监督管理。检察机关应当监督社区矫正机构将批准外出社区矫正对象列为重点监管对象，按照社区矫正法和相关法律法规规定，采取电话联络、实时视频或者信息化大数据等高科技手段加强动态管理。社区矫正工作涉及的部门较多，不仅包括社区矫正机构，还包括社区矫正对象所在的单位、妇联、未成年人保护组织等，且实际工作中，各级法院、公安机关也参与其中。检察机关在社区矫正法律监督过程中，应当牢固树立双赢多赢共赢监督理念，充分发挥法律监督职能，展现最大诚意，构建良性互动关系，寻求协助对社区矫正对象进行监督管理，确保社区矫正对象“放得出”“管得住”。

◆ 相关规定

《中华人民共和国社区矫正法》第二十七条

《中华人民共和国社区矫正法实施办法》第二十六条、第二十八条

◆ 办案札记

在我区，社区矫正对象请假跨省外出，在以往并非易事。正因如此，一些因犯罪被追究刑事责任的民营企业实际经营者或主要负责人在接受社区矫正期间开展相关经营活动受到很大限制，有时甚至导致企业生产经营遭遇困难。社区矫正法颁布实施后，一场社区矫正对象外出管理制度改革正以强大的推力帮助那些曾经触犯法律的民营企业社区矫正对象悔过自新，也为他们曾经一

度岌岌可危的企业经营打开了新的希望之门。

虹口区检察院贯彻落实新法规定，联合上海市虹口区司法局（以下简称虹口区司法局）针对涉企社区矫正对象请假外出事项“简化审批、强化管理、优化监督”，在加强社会治理中体现检察担当，交出了一份“虹口”答案。

一、优化审批流程，凸显监督深度

聂某是一名被判处缓刑的社区矫正对象，同时也是某公司的业务顾问，承担了该企业在杭州业务拓展、洽谈项目的重任，因此需要不定期、频繁往来于上海与杭州之间。每次出差，要提前三四天向社区矫正部门请假，加上审批以及补充材料的时间，全部流程走完，许多时效性强的业务早已失之交臂，这让聂某犯了难。

针对这一情况，虹口区检察院启动调查核实，重点核查聂某社区矫正期间表现、企业生产证照、经营状况以及外出目的等材料后，建议司法行政机关激活社区矫正法中对于“经常性外出”的审批条款，对聂某简化审批程序。最终，聂某获批在六个月的有效期内可以经常性往返沪杭两地，每次外出前只需要向司法所报备，说明离沪和返沪时间，并在返沪后主动报到。同时虹口区检察院建议社区矫正机构在聂某每次返沪后，通过回查电子签到轨迹情况，确保其轨迹与出差目的地相符。

聂某并不是个例，在社区矫正工作中还有很多对象都有类似的需求。为解决“老聂们”的后顾之忧，为让经常性外出审批工作兼顾原则性、灵活性和可操作性，虹口区检察院协同区司法行政机关共谋“良方”，制定相关工作细则，对因企业经营、工作就业等确需经常性跨省市活动的社区矫正对象视情简化批准程序和方式，统一区域执法司法标准，确保矫正管理与生产经营两不误。一年来，经虹口区检察院调查核实，本区已有七名社区矫正对象获准有效期六个月的“经常性外出”审批。

二、扩大区域范围，提升保障广度

2019年年底，长三角四省会签的《沪苏浙皖社区服刑人员外出管理办法（试行）》（以下简称《四地外出办法》）是涉企社区矫正对象以生产经营为由请假外出的重要依据之一，但这一规定仅适用于沪苏浙皖四地，那么需要外出至其他地方的对象又当如何呢？

社区矫正对象宋某的弟弟为上海某企业法人，2021

年因病过世。临近年关，仍有两家企业拖欠公司钱款一千多万元，作为法定授权代表人的宋某焦急万分，企业正常经营受限不说，还事关员工年末工资发放。但是根据债务赔付程序要求，需宋某本人多次前往两企业注册地辽宁处理债务事宜，因辽宁离沪较远，宋某十分担心申请难以获批。虹口区检察院经同步监督、联合研判后，建议司法行政机关破除《四地外出办法》仅适用于请假赴长三角区域对象的思想壁垒，参照《四地外出办法》精神，同意宋某的经常性外出申请，同时通过信息化核查、电话通信或实时视频等方式进行监督管理。

三、坚持宽严相济，依法当严则严

在外出审批依法放宽的大背景下，凡是“经常外出”的请假申请都会被通过吗？当然不是这样。

社区矫正对象赵某以担任某民营企业部门经理需前往杭州经营公司业务为由向社区矫正机构提出请假申请。虹口区检察院获悉后，经调查发现，赵某所任职的企业并不正规，杭州所谓的工程项目也只是空中楼阁。我院遂向社区矫正机构提出从严审批的建议，最终赵某的申请并未通过。

审查经常性外出申请时需全面考虑社区矫正对象生活工作需要、矫正表现、管理等级、考核奖惩、外出风险大小等因素，在坚持宽严相济的原则下，也应依法当严则严。

四、审批通过不是终点

涉企社区矫正对象不仅要“出得去”，还要“管得住”。适度放开管理的条条框框，并不等于放松对他们的管理和监督。虹口区检察院每月对赴外地从事生产经营的社区矫正对象的监督管理情况进行梳理，及时监督纠正请销假审批与监管活动中存在的问题，建议社区矫正机构“依法放开”保障企业放手发展，尽可能降低对社矫对象正常生产、生活的影响，2021 年，社区矫正工作管理系统大数据排查发现，社区矫正对象陈某弄虚作假，篡改定位信息应付签到。针对这一事件，检察官多次与虹口区司法局沟通交流，建议社区矫正机构结合法律规定以及陈某的日常表现，依法给予其处罚。同时，虹口区检察院建议虹口区司法局向辖区内社区矫正对象严肃重申社区矫正纪律和外出管理规定，引导社区矫正对象端正态度，服从监督管理，严防“失之于宽”导致对象脱管

失控的情况出现。截至目前，在虹口区检察院同步监督下，社区矫正部门已审批同意涉企社区矫正对象请假外出 160 余人次，未发生“脱漏管”情形。

民营企业创业艰辛、发展艰辛，更需要法治的保护。服务保障民营企业健康发展是检察机关义不容辞的重要职责。虹口区检察院将继续积极创新法律监督工作模式，主动对接经济发展新形势和民营企业新需求，努力当好服务民营企业发展的“老娘舅”，为民营企业健康发展提供优质高效的检察保障。

承办检察官：孔雁、秦蕾

案例撰写人：吴欣天

李某、景某承揽合同纠纷支持起诉案

——探索支持学生消费维权，维护弱势群体合法权益

◆ 关键词

支持起诉 承揽合同 消费者权益 在校学生

◆ 要旨

少数摄影行业经营者利用一些在校大学生缺乏社会经验，以先低价引流，再层层加价的方式诱导大学生过度贷款消费，侵害了消费者的知情权、选择权和公平交易权。检察机关基于在校学生消费维权能力弱，不善于运用法律手段有效维护自身的合法权益，遂依法履行支持起诉职能，帮助在校大学生实现合法维权，同时参与服务行业的乱象治理，引导、督促企业诚信经营、合规经营。

◆ 基本案情

2019 年 12 月，上海某医学院在校学生李某、景某

二人在短视频平台看到上海某摄影有限公司（以下简称摄影公司）发布19.9元摄影套餐广告，遂报名参加，并于同月31日到店购买摄影服务。经摄影公司极力推荐，李某、景某二人共同与该公司签订《定单协议》一份，购买价值为1100元的基础套餐，约定由摄影公司提供服装、妆容、摄影服务以及后续成品照片及相册。协议签订后，李某、景某二人当场支付协议全额价款人民币1100元。

因客观原因，李某、景某二人直至2020年12月20日才前往店家处拍摄。其间，李某、景某二人再支出1588元购买了安瓶、胸贴等产品及服装升级服务，店家提供了相应的服务。同年12月23日，李某、景某二人到店选片，嗣后，摄影公司又通过限制删减照片、强行推销高价套餐等手段，诱导李某、景某二人再次签订合同总价款为24000元的《摄影服务合同补充合同》，约定增加选片项目，升级相关服务。同时该摄影公司明知李某、景某二人系在校学生，无能力支付合同款项，仍多次诱导其使用不同网贷平台进行借款，最终当场共支付18100元，尚余5900元未支付。当晚，李某、景某二人即向摄影公司提出删减照片、减少费用，均被拒绝。三日后，李某、景某二人明确向摄影公司工作人员表示合同不再履行，又经多次沟通无果，李某、景某二人投诉至上海市虹口区消费者权益保护委员会(以下简称虹口区消保委)。经虹口区消保委调解无果，李某、景某二人于2021年1月21日以摄影公司为被告向上海市虹口区人民法院提起民事诉讼，要求解除与摄影公司签订的《定单协议》《摄影服务合同补充合同》等合同，并退还已支付的合同价款共计20788元，合同余款5900元不再支付。

◆ 检察机关履职过程

一、受理情况

根据上海市虹口区人民检察院（以下简称虹口区检察院）与虹口区消保委会签的《协作框架协议》，虹口区消保委在接到李某等大学生投诉并主持调解失败后，及时向检察机关移送本案线索。虹口区检察院经研判后认为，李某、景某二人系低年级在校大学生，缺乏社会经验，被摄影公司套路营销，在其引诱下购买了价格高昂的摄影服务，同时又陷入网络贷款困境，消费者权益受

到严重侵犯，自身维权能力较弱，符合民事支持起诉案件受理条件，故受理本案。

二、审查过程

一是加强内部办案联动，共同会商厘清思路。虹口区检察院民事检察部门在进一步调查中发现，2019 年至 2020 年，虹口区消保委收到针对摄影公司的相关消费投诉多达 40 余次，该公司存在长期恶意诱导消费者的情况。虹口区检察院组织刑检、民检和公益诉讼检察官共同会商研判，在排除强迫交易、非法拘禁、诈骗等刑事犯罪的前提下，决定对李某、景某二人起诉店家的解除合同案件支持起诉，同时由公益诉讼检察官对行政机关可能存在监管不到位问题予以同步审查。二是帮助固定证据，充分发挥支持起诉作用。支持起诉案件承办检察官与李某、景某二人充分沟通案件情况，就案件涉及民事法律问题进行研判，帮助固定促销广告内容、聊天记录、付款单据等证据。

三、支持起诉意见

2021 年 2 月 1 日，虹口区检察院依法向上海市虹口区人民法院出具支持起诉书。虹口区检察院认为，摄影公司以 19.9 元低价套餐及全场正价套餐 6.8 折的广告吸引李某等学生到店消费，推销价值 1100 元的基础套餐及 1500 余元升级服务。提供摄影后，摄影公司又在选片时诱导李某、景某二人进一步升级服务，签订价款为 24000 元的《摄影服务合同补充合同》，但未就产品差异和服务价格明细进行充分说明和提醒，侵害了消费者的知情权和选择权，违反了《中华人民共和国消费者权益保护法》。《摄影服务合同补充合同》签订后，李某、景某二人已向摄影公司工作人员明确表示补充合同不再履行。《定单协议》《摄影服务合同补充合同》中约定了双方的权利与义务，由摄影公司提供摄影服务，并将摄影成果交付李某、景某二人，该合同属加工承揽合同。李某、景某二人为定作人，摄影公司为承揽人，定作人在承揽工作完成前享有任意解除权。李某、景某二人在摄影公司未制作完成定作产品之前向公司人员明确表示解除合同，符合原合同法及民法典关于承揽合同的相关规定。

四、审理结果

2021 年 3 月 5 日，上海市虹口区人民法院当庭宣判，采纳检察机关支持起诉意见，判决解除原被告双方签订

的《定单协议》及《摄影服务合同补充合同》。但考虑到摄影公司已履行部分义务，提供了服装、化妆、拍摄及照片简修服务，法院酌情确定由李某、景二人支付摄影公司部分合理费用。故李某、景某二人未支付价款不再支付，并由摄影公司返还李某、景某人民币 18600 元。对于 1588 元的产品升级服务，摄影公司依约提供了相应服务，且李某、景某二人已拍摄完成，协议履行完毕，缺乏解除的基础，法院依法不予支持。

◆ 典型意义

一、支持在校学生消费维权，保护弱势群体合法权益

近年来，一些商家以在校大学生为目标，利用其缺乏社会经验进行套路营销，诱导过度消费，甚至贷款消费，导致部分学生陷入网络高额贷款的陷阱，合法权益受到侵害，社会影响恶劣。本案便是一起采用低价引流、层层加价的套路营销手段诱导在校大学生进行过度消费，并诱导学生进行网络高额贷款的典型案件。因受害在校学生普遍存在不敢诉、不能诉的情况，无论从交易谈判能力还是诉讼实力来衡量均属于消费者中的弱势

群体，检察机关通过支持起诉的方式介入民事诉讼，有助于实现当事人诉讼地位的实质平衡，保障弱势消费者的知情权、选择权和公平交易权，维护社会公平正义。

二、积极探索支持起诉案件办理的规范流程

现行法律对支持起诉仅有原则性规定，而并未明确支持起诉的规范流程。本案中，虹口区检察院在接到虹口区消保委移送的线索后，及时与消费者进行联系，并为消费者提供了起诉支持。检察机关根据申请人的诉讼请求，提供专业的法律分析，走访案涉摄影公司，沟通双方和解可能，帮助消费者固定促销广告内容、聊天记录、付款单据等证据，出具支持起诉书并出庭支持起诉。通过办理本案，还表明检察机关在当事人起诉后仍可根据需要，进行支持起诉。

三、检察机关内部联动促进社会治理，合力整治行业乱象

近年来，摄影行业中诱导性消费的营销模式已成为服务消费领域投诉的“重灾区”。隐性消费、套路推销、强制消费等问题屡见不鲜，消费者因为举证困难而遭遇维权困境，也进一步助长了行业乱象，不利于构建良好

的摄影服务消费环境。通过对李某、景某二人消费维权的支持起诉，有利于引导企业诚信经营、合规经营。同时，检察机关充分发挥刑事、民事、公益诉讼检察职能间的有机联动，在排除刑事犯罪的前提下，从民事支持起诉切入，积极推动从个案维权向公益维护拓展，延伸办案职能，进一步开展了公益诉讼检察工作，通过向上海市虹口区市场监督管理局制发诉前检察建议的方式，督促行政机关规范行业秩序，合力引导、监督企业诚信经营，尊重消费者权益，以实现良好的社会效果。

◆ 相关规定

《中华人民共和国民事诉讼法》第十五条

《中华人民共和国民法典》第五百六十五条、第七百八十七条

《最高人民法院关于适用〈中华人民共和国民法典〉时间效力的若干规定》第一条

◆ 办案札记

摄影服务、预付卡消费、旅游服务等是服务消费领

域投诉“重灾区”，行业隐性消费、套路推销、强制消费等问题屡见不鲜。不少商家以在校大学生为目标，利用其缺乏社会经验诱导其过度消费，甚至贷款消费，导致部分学生陷入高额贷款的陷阱，引起恶劣社会影响。本案系全市首例支持起诉大学生消费维权案，并获许上海检察机关首批对社会公布的民事支持起诉典型案例之一、上海市女检察官协会“典亮初心——女检察官为民办实事”典型案例。作为本院首起支持起诉案件，承办人在办理该案过程中，边办案、边学习、边探索、边收获，始于办案，又远不止于办案。

一、以案促学，全面提升对支持起诉制度的理解与认识

承办人在刚刚接触本案时，就对两名大学生的遭遇十分同情，但还是对如何在合法合理的范围内帮助她们维权有所困惑。这是我院民事检察部门第一次面对民事支持起诉案件，我们查阅了大量关于支持起诉的法律规定、相关案例、学术论文、相关文件和领导讲话，得出支持起诉尚未出台办案细则，弱势群体也没有明确的界定，但是最高人民检察院鼓励全面探索的结论。同时，

通过这一系列的梳理、学习，整个民事检察部门的干警均对支持起诉制度有了全新的理解和认识，为后续工作的开展夯实了理论基础、增强了面对挑战的信心。本案是典型的消费陷阱，我们深入调查发现仅 2019—2020 年，这家影楼就因为类似的套路销售被投诉至虹口区消保委 42 次，可以说是劣迹斑斑的“惯犯”。所以无论从交易谈判能力上还是维权能力上，两名学生在老练的商家面前是真正的弱势者。最终我们还是坚定了想法，决定对两名大学生起诉影楼消费维权纠纷支持起诉。

承办人在该案办理结束后的进一步梳理总结工作中，发现该摄影公司另有一名女性农民工消费者存在相同遭遇，亦符合支持起诉范围。遂立即沟通对接，根据当事人申请，我们依法受理了支持起诉案件。经过承办人多次组织调解，双方在检察阶段就对退费及电子照片的交付达成和解协议，并当场履行完毕，案结事了。这是我们在更深入了解支持起诉制度的理念、主旨、目的后，对实践工作经验积累的另一个新探索。通过多形式的结案方式，减少大量司法诉讼成本，同样维护了平等、公平、诚实信用的营商环境。

二、体系化把握民法典规则适用，精准找法指引当事人维权

在法律适用上，我们将民法典合同解除新规则和典型合同中任意解除规则相结合，准确适用《最高人民法院关于适用〈中华人民共和国民法典〉时间效力的若干规定》，为当事人提供明确法律指引。本案合同纠纷虽然发生在民法典生效之前，根据法不溯及既往原则，应适用原合同法，但根据《最高人民法院关于适用〈中华人民共和国民法典〉时间效力的若干规定》第十条的规定，民法典施行前，当事人一方未通知对方而直接以提起诉讼方式依法主张解除合同的，适用民法典第五百六十五条第二款的规定。由此为本案适用民法典第五百六十五条第二款提供了明确的法律指引。基于本案合同的承揽性质，将定作人的任意解除权规则与民法典第五百六十五条第二款相结合，为诉讼解除提供充分法律支持，实现最大程度维护当事人的合法权益，提高支持起诉的精准性，对服务消费类合同纠纷的解决具有借鉴意义。

三、从机制构建角度，建立支持起诉互联互通机制

一是融合内部工作联动。根据案件线索情况，我们

在受理前期迅速汇报分管检察长，组织召开刑事、民事和公益诉讼检察官联席会议，共同会商厘清思路、研判下一步工作，在排除刑事犯罪的前提下，个案先由民事支持起诉切入，公益诉讼部门依据其职能同步介入。检察机关充分发挥刑事、民事、公益诉讼检察职能间的有机联动，通过融合司法促进社会治理，及时遏制摄影行业乱象的持续存在。

二是强化外部沟通协作。在案件办理中，强化与虹口区法院的协作配合，双方共同会商检察机关支持起诉的方式、途径与工作流程，研究消费维权支持起诉的切入点与法律适用，形成规范性办案规则，明确检察机关支持起诉规则。案件成功办理后，我们进一步走访虹口区人社局、虹口区消保委等部门，以办理大学生消费维权支持起诉案为契机，加强沟通协作，建立外部互联互通机制，拓展支持起诉范围，深入探索消费者、农民工等弱势群体支持起诉衔接工作。创新民事检察工作理念，形成多方联动的工作合力，强化支持起诉检察职能，进一步服务大局、构建虹口区域良好的法治化营商环境。

民事检察工作一路走来，从无到有，在探索中前行，在发展中壮大。民事支持起诉工作尚在起步阶段，但民检人始终以维护人民利益为己任，以精准监督为指引，在办理每个案件中坚守为民办实事的初心使命，坚决践行检察机关为人民司法的理念，解决群众最关心、最直接、最现实的利益问题。

承办检察官：王璐
案例撰写人：王璐、姚琳明

优化营商环境

做优追赃挽损工作，提升司法办案质效

——积极探索非法集资案件涉案资产处置的最优路径

◆ 关键词

非法集资 追赃挽损 涉案资产 处置路径

◆ 工作情况

近年来，非法集资案件的涉案金额和涉及人数都不断增加，百亿级的非法集资案件频频发生。上述案件中丰富的存量资产给追赃挽损工作带来机遇，但也由于资产种类繁多、资产分布跨区域、权利属性刑民交叉、涉及领域专业等特点给追赃挽损工作带来了巨大挑战，如何在打击犯罪的同时做好追赃挽损工作考验着检察机关的智慧和担当。上海市虹口区人民检察院（以下简称虹口区检察院）在办理非法集资案件的过程中深入贯彻落实最高人民检察院“三号检察建议”，重点落实上海市人民检察院防范化解金融风险 28 条措施，根据《最高人民

检察院关于充分发挥检察职能服务保障“六稳”“六保”的意见》的要求，从坚决打好防范化解重大风险攻坚战的大局出发，在打击非法集资犯罪的同时做好追赃挽损工作，立足事实证据、结合个案资产情况、整合多方资源、大胆创新实践，形成了全额挽回集资参与人损失、单案追回资产达十余亿元、跨区域追赃等多个典型案例，在提高追赃挽损成效的同时，不断提升司法办案的质效。

◆ 工作机制

非法集资案件普遍具有诉讼周期长、资产类型复杂、集资参与人追赃诉求强烈等特点，单纯依靠查封、扣押、冻结等传统的针对涉案财物的强制性措施已无法实现追赃挽损的目标，因此，虹口区检察院在严惩非法集资犯罪的同时，不断探索创新，以最大限度挽回集资参与人损失为目标，形成了一套行之有效的追赃挽损工作机制。

一、坚持以民为本，积极发挥检察机关主导作用

针对近年来非法集资案件高发，严重危害金融安全、破坏金融市场秩序及社会稳定的情况，虹口区检察院始终坚持以人民为中心，立足检察职能，主动作为，摈弃

民事、参与分配等各种手段，加快涉案资产处置的进度，提升了追赃挽损的质效。

三、坚持分类打击，鼓励主动退赃提升挽损成效

虹口区检察院在办案过程中，落实宽严相济政策，鼓励主动退赃，将退赃退赔情况作为是否追究刑事责任和提出量刑建议的重要依据，以是否纳入刑事打击范围作为区分，分类适用不同的追赃方式。对于非纳入刑事打击范围的人员，依法追缴。如在一起集资诈骗案中，代销机构虽由于难以证明其主观故意等原因未被纳入刑事打击的范围，但其代销行为客观上帮助他人实施了犯罪，并且其获取的代理费亦来源于向社会公众非法吸收的资金，故虹口区检察院加强对代销机构的追赃力度，追回代销机构收取的代理费 2000 余万元。对于列入刑事打击犯罪的人员，鼓励退赃。将退赃退赔情况作为重要依据，在强制措施适用、量刑建议等方面进行区别化对待，对情节较轻、主动退出违法所得并预缴罚金的犯罪嫌疑人，依法建议法院从轻、减轻处罚或者适用缓刑，从而鼓励犯罪嫌疑人主动退赃。此外，虹口区检察院在退赃方式上大胆创新，采用“等值财产担保退赔”“在投本金抵扣佣金”等方式最大化实现退赃成效，减少未兑付规模。如在一起集资诈骗案中，在捕诉阶段，犯罪嫌疑人退赔600余万元，并签署承诺书自愿将在投本金抵扣退佣金额3000余万元。

四、坚持制度先行，及时形成可复制可推广的经验做法

虹口区检察院以本市《关于涉众型经济犯罪案件易贬值易损毁财物先行处置工作的指导意见（试行）》为原则，结合本区实际与个案特点，探索新机制、实践新做法。一是建立协调联络工作机制。与侦查机关、法院就个案建立有效的对接机制，及时就案件的基本情况、存量资产、舆情风险等进行沟通，根据相应风险级别及时开启联动机制，精准研判、及时止损。二是建立市场化的涉案车辆先行处置机制。虹口区检察院在全市范围内首次尝试在检察阶段通过市场化手段提前处置易贬损涉案车辆，取得了良好的效果。通过前期的多次走访调研，秉承透明、公开的原则，采用市场化手段，通过上海二手车交易中心的线上、线下平台，依法处置了部分涉案车辆，并以签署备忘录的形式，与该交易中心就非法集资案件提前处置处理建立了长效的合作机制。在一起集

资诈骗案中，起诉前通过上海二手车交易中心采用公开拍卖方式对涉案车辆进行处置，最终车辆均溢价成交，总额达500余万元。三是建立定期维稳接访机制。在接访的过程中，为稳定全国各地的集资参与人的情绪，听取各方诉求，在院控申部门的协作下，形成了线上公告、线上线下定期接访的有效机制。线上通过视频会议的方式听取外地集资参与人的诉求，并就案件办理的进展适时进行沟通，最大程度保障投资人的知情权。通过定期接访的形式，了解投资人诉求，适时公布案件进展，不仅缓和了因案件引发的社会矛盾，同时还增强了投资人对检察机关追赃挽损工作的信任和肯定。

◆ 工作设想

追赃挽损工作是办理非法集资案件的重中之重，其质效直接关系到案件办理的社会效果，而只有根据涉案资产的不同属性开展先行处置才能提升追赃挽损的质效。虽然现行法律法规、规范性文件对于涉案资产先行处置仅作了原则性规定，但是现实的需求不断促使办案机关探索和创新涉案资产先行处置的有效路径。为避免涉案资产的贬值和灭失，最大化挽回集资参与人损失，在非法集资案件的追赃挽损工作中可以根据案件的不同特点，综合运用民事、刑事等法律手段，针对不同资产分类施策，开展涉案资产先行处置的探索，从而满足司法办案及挽回损失的切实需求，保护人民群众的合法权益，进一步防范化解金融风险和次生社会风险。

◆ 工作札记

如果把办理一件非法集资案件比做是一场考试，那么其中的追赃挽损就是那最后一道大题，一道值得全力以赴的必答题。因为这道题的答案往往直接关系到这场考试是否能够获得令人满意的成绩。

近年来，百亿级别平台的暴雷，让人触目惊心。这些案件中巨大的未兑付缺口背后，是投资人积攒多年的积蓄，是老百姓的教育金、养老金甚至是救命钱。罪犯能不能被惩处固然是我们司法办案的核心，但损失能不能挽回却是老百姓最关心的问题，也是关乎矛盾化解、社会稳定的重要因素。但是，这类案件一旦案发，要么资产已经所剩无几，导致追赃工作难以突破，要么资产

存量繁杂零散、资产分布跨区域、权利属性刑民交叉、涉及领域专业，给追赃挽损工作带来巨大挑战。非法集资类案件的办案周期往往比较漫长，而资产却可能每天都在贬值，如何在打击犯罪的同时做好追赃挽损工作、最大程度挽回损失是我们一直在思索的解题方案。

这是一道我们心中有着理想答案的题，但解题需要和时间赛跑，过程往往曲折而煎熬，其中好几个案子的追赃工作都让我们印象深刻。譬如，在一起案件中为了参与执行分配，我们和外省市司法同仁据理力争获取支持。这起案件的投资人大多都是六七十岁的老年人，因为公司暴雷，养老钱和看病钱一夜之间化为虚有。因此案发后，投资人的情绪特别激动，多次来访，希望检察机关可以帮他们追回损失。面对一次次的来访，我们耐心听取诉求，回应关切。而正是在接访的过程中，我们发现了一条重要的追赃线索：这起案件中的实际用款方因为关联案已被外省市法院判处有期徒刑，目前该案已经进入了执行公告阶段，该案中冻结的现金及若干股票即将执行，而我们这个案子刚到审查起诉阶段，如果等到刑事判决生效再要求对方法院协助执行则可能已经没有剩余钱款可供执行。发现这一线索后，承办检察官立即联系了上述法院，了解相关犯罪事实和该案的执行情况，发现该院对王某某犯罪事实的认定并未包括其在上海融资的部分，因此其赃款执行的分配对象并不包括我们案件中的集资参与人，于是我们建议该院暂缓执行，为本案的集资参与人预留执行款。为了避免关联案件的钱款被执行，投资者利益受损，我们牵头公安机关和法院，在充分研判案情的基础上，决定亲自至该法院送达《刑事裁定书》及《协助执行通知书》。经多轮沟通协商后，对方法院最终接受了我们提出的方案，出具《执行公告》，按比例为本案投资人预留了相应份额。在这个案件中，公检法三家携手，成功参与了外省市关联案件执行款的分配，维护了本案集资参与人的合法权益。

又如在一起集资诈骗案中，为了不让资产贬值，我们大胆创新，尝试更多解题思路。由于涉案公司通过成立私募基金的方式开展了广泛的投资，案发后留下了丰富的存量资产，这既给追赃挽损工作带来了机遇也带来了巨大的挑战。为了让丰富的存量资产尽可能实现处置价值的最优，我们做了很多创新的尝试。

为了全面梳理留存资产，我们及时引入司法审计，在案发后第一时间通过资金穿透梳理体系公司账户明细、对外投资、股权和债权情况，再由侦查机关对相关账户进行冻结，防止资金转移。为了解决案件中的专业问题，尝试借力第三方专业机构，在对资产进行梳理分类后，针对资产的不同属性分类制定追赃方案，发挥各方专业优势，综合运用民事、刑事等法律手段，打好“组合拳”，努力实现资产处置最优化。为了解决办案周期长而资产易贬值的问题，经充分调研并向集资参与人代表公告后，率先应用市场化手段，积极探索起诉前提前处置易贬损财物新机制。为了减少全案的未兑付规模，我们在退赃方式上大胆创新，最大化实现退赃成效。通过我们的努力，这个案件的追赃效果非常显著，而且我们目前仍未停止追赃的步伐，挽损的金额还在增加。

每个追赃挽损的案件都见证着收获与突破，从一次次努力和尝试中，我们形成了一些可推广和复制的经验，努力让检察机关的追赃挽损工作能够更加及时和高效，能够让人民满意。办理金融案件很累，追赃工作更难，常常无功而返，也会经常陷入困境，但防范和化解金融风险是我们的使命和担当，我们的脚步从来不敢也不曾慢下来，因为我们深知，每一起案件的背后都是老百姓对司法机关的期待，对公平正义的向往。希望我们的努力能够不悖于内心对法制的信仰，无悔于今天我们执著的坚守，无愧于我们被冠以“人民”二字的检察事业。在这星辰大海中，希望我们的努力可以成为那束照亮百姓生活的法治之光。

事例撰写人：牟莉

廖某等六人销售假冒注册商标的商品案

——以刚柔并济的检察监督强化知识产权综合性司法保护

◆ 关键词

直播带货　销售假冒注册商标的商品　知识产权司法保护

◆ 要旨

对于直播行业中高发频发的侵犯知识产权犯罪，检察机关不仅应当予以精准打击，还应当通过权利人实质性参与诉讼以及诉前调解机制加强对权利人的保护，通过检察建议等方式督促、引导涉案企业合规经营，通过法治宣传引导直播参与者增强知识产权保护意识，从诉前、诉中、诉后三个阶段，被告人、权利人、涉案人三个维度，强化知识产权司法保护，促进直播新经济的健康发展。

◆ 基本案情

廖某于 2017 年 7 月 24 日与某信息科技有限公司（主

营业务为在电商平台上为商家提供达人直播、店铺直播代运营等电商直播服务）签订《主播合同书》等合作协议，成为该公司签约主播并由该公司配备相关人员组建直播团队，后在淘宝直播平台以直播方式为淘宝商家营销商品。自2019年起，廖某直播团队先后与多家淘宝店铺合作，通过淘宝平台以直播的方式为上述店铺销售假冒“Dior”“CHANEL”“LOEWE”等商标的服装、饰品、手表等商品，销售金额数额巨大。

2021年3月26日，上海市虹口区人民检察院（以下简称虹口区检察院）以销售假冒注册商标的商品罪对廖某团队共计6人及相关的商家共计30余人向法院提起公诉。2021年6月29日，上海市杨浦区人民法院以销售假冒注册商标的商品罪判处廖某等人三年四个月至二年不等有期徒刑，并处罚金人民币40万元至5000元不等，部分被告人适用缓刑。

◆ 检察机关履职过程

一、调研发现犯罪线索，移送公安立案侦查

本案线索来源于虹口区检察院开展的检察调研活动。

在调研中，辖区内一家知名服装企业反映，有网红主播在直播间销售假冒该企业品牌的服饰，单场直播的销量就达到300余万元，因此向检察机关求助。接到诉求后，虹口区检察院认为该网红主播的行为可能涉嫌侵犯知识产品犯罪，随即将该线索移送公安机关。公安机关经初步侦查，锁定网红主播廖某，发现其在直播间销售假冒注册商标的商品中，除涉及报案企业外，还包括大量假冒香奈儿、迪奥等多家奢侈品品牌的服装、饰品、手表。

二、提前介入引导侦查，明确取证思路和证明标准

由于本案系通过直播的方式销售假冒注册商标的商品，与通过实体店铺或者网店进行销售的传统模式相比存在较大差异，为侦查取证、固证工作带来挑战。一是直播带货具有即时性，直播完毕后若删除回放，则难以还原售假犯罪过程。二是本案直播带货模式为目前常见的店铺代卖模式，商品均由其他商家供货发货，认定主播在直播间展示的商品与商家所销售货品的同一性存在难度。三是犯罪嫌疑人为规避风险，在直播间展示商品时会用胶带遮盖商品上附着的假冒商标，并故意瞬间露标，误导消费者以提升销量。商品链接中既无商品展示图也无商品介绍，仅标注货号。此类情况对证明涉案商品系假冒注册商标的侵权商品带来障碍。四是认定主播是否具有主观明知尚需进一步查证。直播带货行为实质上是一种广告行为，主播的主要义务是保证广告宣传的真实性，只有明知商家售假依然提供广告服务，才能认定为销售假冒注册商标的商品罪的共犯，因此还需要证明主播团队主观上具有售假的故意。

为解决上述办案难点问题，虹口区检察院在公安机关立案后即提前介入、引导侦查，明确取证思路和证明标准。一是建议侦查机关对主播的直播行为进行有针对性地录屏和截屏，固定销售侵权商品证据。经过数月的录屏取证后，除完整收集主播在直播中售假的电子证据外，还发现供货商家存在助播行为，因此一并固定了商家在直播中销售侵权商品的证据。二是引导侦查人员从直播平台、电商平台分别调取了主播以及商家的销售数据，并注意保证数据完整性。三是确定从“供货”到“带货”的全链条打击思路，分别从商家和买家两个方向取证，查明上下游均与主播直播售假直接关联，证明“代

卖”模式中主播在直播间销售确系假冒注册商标的商品。四是建议侦查人员调取主播团队成员的微信聊天记录，通过主播团队成员之间、主播团队与供货商家、主播团队建立的粉丝群、售后群等微信聊天记录来证明主播团队对于售假的主观明知。最终，包括主播团队、供货商家在内的 40 余名涉案人员被追究刑事责任。

三、适时开展自行补充侦查，查明涉案主体情况

本案中廖某系某信息科技有限公司的签约主播，并由该公司为其配备人员组成直播团队在淘宝直播平台进行直播带货。为查清该信息科技有限公司及相关人员是否参与犯罪，虹口区检察院在引导侦查基础上，适时开展自行补充侦查，查明该信息科技有限公司与签约主播之间的隶属关系、合作模式以及直播工作流程。经审查，廖某与该信息科技有限公司之间仅为合作分佣关系，并无隶属关系。作为头部主播，廖某在直播选品方面拥有较大的自主选择权，无须向公司汇报，销售假冒侵权商品均系廖某自行决定，从而排除该信息科技有限公司的涉案嫌疑。

四、关注知识产权企业合规，制发检察建议督促整改

本案中，虽然廖某所在的某信息科技有限公司未直接参与犯罪，但其疏于对签约主播的监督和管理，增加了签约主播违法犯罪的风险，而其自身声誉也遭受损失。为全面了解和评估某信息科技有限公司的合规经营风险，虹口区检察院通过调取公司与主播签署的合作协议、与员工签署的劳动合同、岗位职责、企业规章制度等文件资料，约谈公司的高管人员及部门负责人，询问合作供应链商家等方式对该公司的经营管理进行充分调研，并在调研的基础上梳理出合规风险点，向其制发检察建议，督促及时整改。随后，该公司开展重新制定与主播的合作协议、进行全员业务合规培训、自查自纠、业务巡查等一系列的整改工作，书面回复整改情况，并逐步探索业务转型，开辟了与品牌合作的新型直播模式。

五、开展知识产权合理赔偿，弥补权利人损失

在打击犯罪的同时，注重维护知识产权权利人合法利益。虹口区检察院在案件办理中，落实权利人实质性参与诉讼制度，探索诉前调解，积极促成被告人向权利人赔偿200余万元，有效弥补了权利人损失，获得权利人的感谢与认可。

◆ 典型意义

一、关注网络犯罪新模式新情况，强化知识产权司法保护

近年来，网络“直播带货”作为一种新型电商营销模式，在为网红主播、直播电商服务机构、品牌销售商带来经济效益的同时，也促进了社会的经济发展。然而主播知假售假给直播电商行业长远健康发展带来了冲击。检察机关应贯彻知识产权综合司法保护理念，加强对侵犯知识产权犯罪打击力度，充分发挥捕诉一体的办案优势，提前介入、引导侦查，探索新类型案件的侦查方向和证据标准，通过上下游犯罪的全链条打击，严厉惩处直播带货领域的假冒侵权犯罪，从诉前、诉中、诉后三个阶段，被告人、权利人、涉案人三个维度，强化知识产权司法保护，以刚柔并济的检察监督促进直播新经济的健康发展。

二、秉持司法为民的理念，维护知识产权合法权益

积极探索知识产权权利人实质性参与诉讼，开展居中调解，为侵权人向权利人合理赔偿创造有利空间，及时挽回权利人权益损失。同时，依托大调研工作制度，赴高新科技园区等知识产权权利企业集中地区调查研究，面对面听取不同类型权利人司法保护需求，及时掌握权利人侵权情况，将获悉的案件线索第一时间移送侦查机关依法处理，为企业提供高质量的定制化法律服务，实现对知识产权的“快保护”。

三、延伸检察职能作用，督促企业合规经营

直播电商企业合规经营是直播营销新业态健康发展的基石。检察机关在惩治犯罪的同时，还应关注到案件中直播电商企业的刑事合规风险，充分发挥检察能动性，通过检察建议等方式延伸检察职能，督促、引导企业建立合规机制，跟踪企业落实整改，从而防范企业法律风险，助力企业持续健康发展。同时，对于案件中暴露出主播、商家等存在的法律意识淡薄之问题，通过发布典型案例、录制普法节目等多种方式开展法治宣传，从源头上预防犯罪，引导直播电商平台、销售者、消费者等各方经济活动参与者增强知识产权保护意识，共同营造良好的网络营销环境。

◆ 相关规定

《中华人民共和国刑法》第六十七条、第二百一十四条

《中华人民共和国刑事诉讼法》第十五条

《中华人民共和国人民检察院组织法》第二十一条

《人民检察院检察建议工作规定》第十一条

《网络直播营销行为规范》第五条、第八条、第九条、第四十条

◆ 办案札记

近几年，直播带货可谓是蓬勃发展，然而聚光灯下却是乱象丛生。有的人利用直播搞传销，有的人直播带货做火了还偷漏巨额税款；有的人则是明目张胆地侵权售假。本案中的网红主播廖某就是在直播带“假货”时被公安民警当场抓获，直播秀场顿时沦为抓捕现场，引起公众一片哗然。

这是上海办理的第一起直播售假刑事案件，也是最高人民检察院督办案件。作为“第一个吃螃蟹的人”，我们在办案过程中也遇到了很多棘手的问题。比如，为了规避风险，直播团队会在直播结束后立即删除回放，如何固定证据？又如，主播在直播中通常以“驴家”“香奶奶”等词语来暗示品牌，并且在直播展示商品时以胶带覆盖商标，如何证明他实际销售的就是侵权商品？再如，主播的身份类似于网店的“广告商”，如何证明他具有销假的故意？在真假混卖的情况下，又如何区分假货的销售金额。

为解决上述办案难点，检察官在立案后即提前介入，引导侦查，明确了取证方向和证据标准。为了区分出直播销售的侵权商品，我们观看了150多个小时的直播录屏文件，为了证明直播展示的商品与商家销售商品的同一性，我们比对了99万余条直播销售数据，为了证明实际销售商品是侵权商品，我们从10万余条网店销售数据中筛选买家进行取证，从而一环扣一环地连成了我们指控犯罪的证据链条。最终，包括主播团队、供货商家在内的40余名通过直播售假的人员被判处刑罚，实现了从“供货”到“带货”的全链条打击。这起“直播第一案”的成功办理，也为今后同类案件的办理提供了借鉴。

在办案中我们还发现，廖某所签约的某信息科技有

限公司成立于2016年，短短数年已快速成长为国家高新技术企业、某省创新型数字文化企业、某市电商服务十强企业和淘宝直播最具商业价值机构，并正在准备上市。为帮助该公司持续合规经营，充分激发创新发展活力，我们在深入调研后向其制发并现场宣告送达了检察建议。令人欣喜的是，这家公司已针对检察建议的内容开展合规整改，并以此为契机，实现了其主营业务的转型升级，有效避免了原有经营模式下的法律风险。

直播间绝非侵权售假的法外之地，但我们发现，不管是主播还是商家，在案发之前都没有意识到自己的行为已经构成犯罪，直到锒铛入狱才后悔莫及。因此，为了从源头上预防犯罪，我们还通过多种方式开展法治宣传，引导直播经济的参与者增强知识产权保护意识，共同营造良好的网络营销环境。

2022年伊始，上海市政府就出台了两份关于推进知识产权强市建设的重要文件，其中实施严格的知识产权司法保护是强化知识产权高水平保护的重要内容。近年来，我院依托专业化办案优势，严厉打击侵犯知识产权犯罪；秉持司法为民的理念，强化知识产权案件中权利人合法权益的保护；立足司法办案实践，精准开展知识产权检察职能延伸，以能动检察助力构建知识产权的“严保护”“大保护”“快保护”“同保护”格局，努力为上海成为国际知识产权保护高地贡献检察力量。

承办检察官：孔雁、牟莉
案例撰写人：牟莉

杨某合同诈骗案

——涉平行贸易进口汽车行业刑事犯罪分析

◆ 关键词

平行进口汽车 合同诈骗 自行补充侦查 退回补充侦查

◆ 要旨

检察机关在办理专业性较强的案件时，应当掌握和了解相关行业的专业性知识，在此基础上发现案件的补侦方向。在证据收集较为复杂的案件中，可将检察机关自行补充侦查与退回公安机关补充侦查相结合，互相配合，互相补充。根据证据的进展，以对行业专业性知识的了解攻破被告人口供。在复杂案件的定性过程中，应全面考虑案件整体事实，不能以偏概全，以部分事实来认定案件定性。

◆ 基本案情

被告人杨某，男，1969 年 4 月 22 日生，川某公司实际控制人。2015 年 4 月 2 日，被告人杨某利用临港 A 公司的名义，与远某公司签订代理进口汽车协议，进口一辆雪佛兰科尔维特汽车。2015 年 5 月 11 日，被告人杨某利用国际 B 公司的名义与远某公司签订代理进口汽车协议，进口一辆奔驰 GL450 汽车。由临港 A 公司、国际 B 公司分别向远某公司支付开证保证金及相关费用后，远某公司开立信用证对外付款。远某公司委托上港某公司代理进口车辆的报关报检。上述进口车辆入关后，上港某公司依照有关协议进行报关，但被告人杨某未及时支付关税导致海关删单。之后，被告人杨某让青浦报关行使用伪造的报关材料对上述车辆进行二次报关，从而取得通关单证，又在未获得远某公司放车指令的情况下提走车辆，并以自己实控的川某公司的名义将车辆销售给意某公司，并由意某公司销售给他人，最终将远某公司垫付的车款 70 余万元据为己有后逃逸。被告人杨某于 2019 年 8 月 20 日被广州市公安局公共交通分局民警抓获。

◆ 检察机关履职过程

2018 年 3 月 29 日，上海市公安局港航公安局（以下简

称港航公安局）对杨某合同诈骗案立案侦查，并对杨某上网追逃。2019年8月20日，犯罪嫌疑人杨某在广州市地铁天河客运站被广州市公安局公交分局民警抓获，后移送至港航公安局。2019年12月25日，该局将案件移送上海市虹口区人民检察院（以下简称虹口区检察院）审查起诉。虹口区检察院于2020年6月11日向上海市虹口区人民法院（以下简称虹口区法院）提起公诉。虹口区法院于同年8月25日开庭审理，并于同年12月30日判决，认定被告人杨某犯合同诈骗罪，判处有期徒刑四年六个月，并处罚金。

◆ 典型意义

一、对于证据收集较为复杂的案件，将退回补充侦查与自行补充侦查有效结合，有利于更快更好地发现事实、完善证据

由于本案是一起新领域的犯罪案件，因此承办人及时向领导汇报了情况。分管检察长坐镇指挥，提出当务之急是完善证据体系，把事实先理清楚。于是，承办人通过自行补充侦查与退回补充侦查，与公安机关分工合作、紧密配合，厘清了事实脉络。

（一）通过自行补充侦查，从关键证人下手，了解案件全貌。拿到案卷后，承办人发现案件事实繁杂不清，从当时的卷宗材料中仅能看出涉案车辆到港后杨某将车辆提出并转卖，其中可能涉及其他多方参与人，但根据当时的证据，承办人无法判断涉及的是哪些公司或机构，也不清楚各方参与人所起的作用或扮演的角色。于是，承办人首先分析研判证据现状，确定了自行补充侦查的着力点。由于上港某公司的员工马某在整个案情发展过程中起着线索的作用，其与每个参与方都或多或少地有过接触，因此承办人决定从马某着手，了解清楚本案的发展脉络。通过在虹口区检察院三次询问马某，搞清楚了本案可能涉及的全部公司名称及负责人，厘清了时间发展的脉络。接着，根据马某的陈述找到每个环节的参与方，从临港 A 公司的负责人，再到监管仓库负责人，青浦报关行的报关人，最后是意某公司的实控人，均制作了询问笔录。通过对这些关键证人的询问，承办人完全了解了整个案件的全貌。

（二）在自行补充侦查的同时，有效利用退回补充侦查机制。在向证人制作笔录的同时，与公安机关密切配

合，通过退回补充侦查制度，建议公安机关调取到涉案各方的全部资金账户。侦查机关在退回补充侦查期间调取到了杨某的两个公司账户加四个个人账户。承办人与公安机关互相配合，互相补充，在收到侦查机关调取的银行账户后，通过对上述账户的全部资金往来进行梳理，明确了各方的出资和欠款，以及被害人实际损失；同时，为了证实杨某主观上有非法占有他人财物的目的，建议侦查机关调取能证实杨某资信的相关证据。在这回补充侦查期间，侦查机关调取了杨某的银行征信、房产、证券、法院判决。随后，通过对上述材料的分析，发现了杨某在实施行为前早已负债累累。其明知自己没有履行合同的能力，仍然与被害单位签订合同，事后通过一系列欺骗手段非法占有被害单位的车辆后，将车辆变卖，所得款项用于偿还自己先前的债务。至此，客观证据均已补充到位。

二、对于专业性较强的案件，以专业性突破被告人口供

杨某从到案便作无罪辩解，其将自己的每一步行为均描述为情势所迫，不得不做。其将整个诈骗手段描述为创业过程中的正常经济手段，将非法占有被害单位财物的行为描述为外贸行业中的经营风险，最终将涉嫌犯罪的行为描述为经济纠纷。承办人发现，杨某之所以敢肆无忌惮地瞎扯，关键是其在内心确信平行进口汽车行业是相对小众的行业，懂行的人不多，检察机关更不可能了解平行进口汽车的行业规则。对于这样的情况，承办人认识到必须以专业性来突破其口供。于是，承办人查阅了大量平行进口汽车贸易的相关资料，并借由检察机关与院校的合作平台向海商法学者请教关于海商法、外贸、货运等方面的知识，通过走访汽车经销商、相关监管部门等单位，向从业人员求教行业规则，尽快熟悉了办案所需的相关知识。

在了解平行进口汽车行业规则的基础上，与杨某所述完全不一样的事实呈现出来。杨某辩称，其委托上港某公司首次报关后，因为未及时向海关报关导致海关删单，之后是因为上港某公司无法再次报关，所以其才另外委托了青浦报关行二次报关。但事实却是，只有进口汽车的公司才有权委托报关行。正常的程序应该是由进口汽车公司二次委托报关行，在委托的同时交付给报关

行报关材料。首次报关时，远某公司作为进口汽车的公司对上港某公司进行了报关委托，但由于杨某未及时报关导致报关失败。此时，应该由远某公司再次委托一家报关行进行报关，并交付报关材料。但杨某却对远某公司隐瞒了报关失败的情况，而私自委托了另外一家青浦报关行。这也就导致了青浦报关行不可能持有真实的报关材料。于是，这也攻破了杨某的第二个辩解。其辩称不知道从海关处调取的报关材料为何是伪造的。但事实是，杨某明知自己瞒着远某公司私自委托了一家青浦报关行，并由杨某向青浦报关行提供了报关材料，青浦报关行拿着这些报关材料向海关报关。最终，公安机关从海关处调取到的报关材料均为虚假。通过对平行进口汽车行业从进口到报关报检，再到提货销售等环节的了解，承办人将杨某的辩称一一攻破。经过检察机关审查起诉阶段的五次提审，被告人从拒不认罪，到提起公诉前，已基本承认主要犯罪事实。

三、对案件的法律适用不能以偏概全，要在全面考虑案件事实的基础上研究案件定性

对本案的法律适用，经过了检察官联席会议，共考虑了四种不同的构罪模型。第一种观点认为涉案车辆到港后位于上港某公司所委托的保税区仓库中，所以上港某公司取得车辆的占有权，杨某使用伪造的报关材料使海关陷入错误认识，从而取得海关的通关单证，再使用该通关单证从保税区仓库提走车辆，故应该认定上港某公司为被害人，认定案件性质为三角诈骗，杨某的行为构成诈骗罪；第二种观点认为杨某取得财物的关键手段是串通上港某公司的员工马某，在马某的指示下，仓库明知未获得远某公司的放车指令仍然允许杨某将车提走，这种观点认为远某公司才是车辆的所有人，在车辆所有人不知情的情况下秘密地将车转移出去并销售，案件应认定为盗窃罪；第三种观点将上港某公司员工马某作为行为主体，认为马某作为公司员工，将上港某公司委托仓库中的车辆转移出去，案件应认定为职务侵占罪，杨某构成马某的共犯；第四种观点认为案件应构成合同诈骗。最终，经检察官联席会议讨论认为，杨某通过与远某公司签订委托进口汽车协议，让远某公司出资从海外购买了涉案汽车，随后，其伪造报关材料骗取通关单证，串通马某发出放车指令，又联合展厅将没有发票进项的

汽车悄悄地销售出去，从而将远某公司购买的汽车销售出去，而且销售款项也被杨某占为已有。因此，远某公司才是本案的被害人。无论是骗取通关单证，串通马某提车，还是隐瞒远某公司销售车辆，每一个环节都不是独立存在，都是骗取手段的一部分，在完成非法占有购车款的过程中缺一不可。不能仅以其中一个环节来认定整个案件的性质。而且在杨某代表临港 A 公司、国际 B 公司在与远某公司签订的合同里约定了报关报检销售的全链条行为，因此杨某的行为本质上是在签订和履行该合同的过程中非法占有了他人财物。最终本案的性质认定为合同诈骗罪。检察机关以合同诈骗罪提起公诉。经虹口区法院判决，杨某犯合同诈骗罪，判处有期徒刑四年六个月，并处罚金。

◆ 相关规定

《中华人民共和国刑法》第二百二十四条

◆ 办案札记

2014 年 8 月底，上海市政府官网发布《上海国际贸易中心建设2014—2015年重点工作安排》，提出推动自贸试验区内“平行进口车”政策试点。2014年11月，国务院办公厅在《关于加强进口的若干意见》中提出，加紧在上海自贸区率先开展汽车平行进口试点工作。2015年2月15日，上海自贸区平行进口汽车试点正式开闸，这意味着此前处于灰色地带的平行进口汽车可以阳光化销售。由于平行进口汽车相对于授权渠道销售的汽车，价格较为便宜，最多可低于授权渠道销售汽车的15%，汽车进口、销售行业大为振奋，纷纷看好行业前景。因此，政策刚落地，许多汽车进口经销商纷纷加入了从事海外汽车平行进口的队伍，而相应的配套措施及规范要素尚未配齐，导致许多人无资质、无信誉、无渠道却想在此新兴行业内“空手套白狼”，操作手法均是通过伪造相关材料从银行、小贷公司、保险公司或他人处借款来垫付经营成本，待车辆销售出去之后再回本还款。

从2017年开始，国内授权渠道商联合降价、平行进口车后期配套跟不上等原因，到了2018年，关税上调等因素加入，平行进口市场低迷，车辆销路严重受阻，直接导致许多从业者车辆无法销售出去，资金不能回笼。

而那些“空手套白狼”的从业者由于前期本身无资质、无资金，一旦车辆销售不出去便无法还款。但由于签订车辆购买合同与车辆运输到港相距时间较长，已到港的车辆销售不出去，从业者欠债已经无法还清，后续购买的车辆又还在不断到港。于是这些从业者只能伪造材料继续借款，以新还旧，短暂维持，最终越欠越多。大量进口车辆积压在港口，银行、保险公司及其他债权人的大量资金无法偿付，扰乱了正常的外贸活动、港口经营，危害到银行等金融机构的管理秩序，造成债权人损失，更给国家自贸区的发展规划造成了严重影响。这导致了大量民商事案件，部分案件也逐步进入刑事犯罪领域。本案的被告人杨某就是其中一员。

本案办结后，我们了解到，平行进口汽车行业又有几起案件进入刑事程序，本案的办理为后续类案从证据收集、法律适用再到政策认知等方面都提供了思考和借鉴。

承办检察官：邱坤
案例撰写人：邱坤

王某甲等十四人侵犯著作权案

——严厉制裁侵犯知识产权犯罪、严格保护知识产权

◆ 关键词

影视作品知识产权保护 认罪认罚 追捕

◆ 要旨

普通大众对网络“免费午餐”的偏爱，以及对知识产权保护意识的薄弱，给侵权网站提供了生存空间，使得“侵权”屡禁不止。本案的成功办理彰显了公诉机关对严厉制裁侵犯知识产权犯罪、严格保护知识产权的坚定决心。

◆ 基本案情

自 2018 年起，梁某某（另案处理）先后成立武汉某甲科技有限公司、武汉某乙科技有限公司，指使被告人王某甲聘用被告人万某某、徐某某、熊某某、姜某某、

田某某、温某某、文某某、王某乙、胡某某、阳某某等人作为技术、运营人员，开发、运营“××影视字幕组”网站及多个客户端；梁某某又聘用被告人谢某甲等人组织翻译人员，从境外网站下载未经授权的影视作品，翻译、制作、上传至相关服务器，通过所经营的“××影视字幕组”网站及相关客户端对用户提供免费在线观看和下载。经鉴定，“××影视字幕组”网站及相关客户端内共有未授权影视作品32824部，会员数量共计683万余人。

其间，梁某某还以接受“捐赠”的名义通过“××影视字幕组”网站及相关客户端收取会员费；指使被告人谢某乙以广西三江县某科技有限公司等公司的名义，对外招揽广告并收取广告费用；指使被告人丛某某对外销售拷贝有未授权影视作品的移动硬盘。经鉴定，自2018年1月至案发，上述各渠道非法经营数额总计人民币1200余万元，其中，被告人阳某某任职期间的非法经营数额总计人民币200余万元，被告人胡某某任职期间的非法经营数额总计人民币400余万元。

被告人王某甲、万某某、徐某某、熊某某、姜某某、田某某、温某某、文某某、王某乙、谢某甲、谢某乙、从某某均于2021年1月6日被公安人员抓获归案；被告人胡某某、阳某某均于2021年4月19日主动至公安机关投案。到案后，被告人王某甲、万某某、徐某某、熊某某、姜某某、田某某、温某某、文某某、王某乙、谢某甲、谢某乙、从某某、胡某某、阳某某均由家属帮助退出违法所得。

◆ 检察机关履职过程

2020年12月21日本案由国家版权局、全国“扫黄打非”工作小组办公室、公安部、最高人民检察院四部委联合督办，2020年12月30日上海市公安局虹口分局立案侦查。2021年1月6日，公安人员从山东、广西、武汉等地抓获王某甲等十四名犯罪嫌疑人。2021年1月29日，上海市公安局虹口分局将本案提请上海市虹口区人民检察院（以下简称虹口区检察院）批准逮捕。2021年2月3日，上海市公安局召开新闻发布会，引起舆论关注，本案被最高人民检察院列为重大敏感案件。2021年2月5日，虹口区检察院对王某甲等十二人批准逮捕，

并制发追捕函。后在上海市人民检察院组织下，虹口区检察院与上海市人民检察院第三分院成立“9·8侵犯著作权案专案组”，并于2021年2月25日、3月12日、4月2日、4月20日召开了四次公检联席会议。2021年7月5日，上海市公安局虹口分局侦查终结，将王某甲等十四人侵犯著作权案移送本院审查起诉。2021年8月20日，虹口区检察院依法提起公诉。2021年11月22日，上海市杨浦区人民法院当庭宣判，王某甲等十四人均犯侵犯著作权罪，被判处有期徒刑一年六个月至三年不等，均适用缓刑，并处罚金人民币四万元至三十五万元不等。

◆ 典型意义

本案是一起知名网站侵犯影视作品著作权的案件，体现了检察机关对严厉制裁侵犯知识产权犯罪、严格保护知识产权的坚定立场。

一、体现捕诉一体优势，充分利用提前介入机制

知识产权刑事案件证据把握的难点主要在于主观明知的认定，而侵犯影视作品的知识产权刑事案件还有一大难点是证据的固定。由于本案涉及电子数据内容庞大，

且侵犯著作权罪对于证据的要求较高，公安机关在侦查阶段一度对证实涉案影视作品数量的证据难以固定，且多人对主观均存在辩解。为此检察机关在案件侦查阶段主动提前介入，引导公安机关对电子数据的合法固定，由于公安机关现场查封扣押的多台服务器是加密的，且最重要的一台服务器因位于我国香港特别行政区而无法查封扣押，为了获取解密钥匙，检察机关对扣押物品仔细勘查，并充分利用提审技巧，最终获取解密钥匙，固定证据，为后续案件的成功办理奠定基础。同时，多人对主观故意存在辩解，但是在审查逮捕阶段，部分犯罪嫌疑人提到曾经在工作群中收到相关权利人的警告信，但上述工作群内的内容公安机关尚未获取，电子证据尚未转化，而审查逮捕阶段办案时间有限，承办人依据上述证据作了判断，作出批准逮捕决定，同时要求公安机关在后续阶段，根据电子证据取证的相关要求，补强证据。审查起诉阶段，在证据面前，多名犯罪嫌疑人均认罪认罚，充分体现了“捕诉一体”办案机制的优势。

二、探索推行新机制，推广认罪认罚从宽制度

案件在审查办理及庭审的过程中，也做出了“两创

新”的尝试。“一创新”是尝试在知识产权刑事案件中适用被告人认罪认罚从宽制度，“二创新”是激活被害知识产权权利人实质性参与庭审诉讼制度。案件移送审查起诉后，被告人王某甲等十四人均表示认罪认罚并愿意积极赔偿，故公诉机关结合认罪认罚从宽制度，积极开展退赔工作，最终在案十四名被告人均退出全部违法所得，法院也采纳全部量刑建议。充分体现检察机关在知识产权案件办理过程中，积极试用认罪认罚从宽制度，激活被害知识产权权利人实质性参与庭审诉讼制度。

三、追捕二人，实现对知识产权的精准打击

公安机关在报捕阶段仅对部分在职人员提请批准逮捕，但是 ×× 影视整个运营包括构建基础程序、运营程序、下载未经授权的影视作品、翻译上传、推广应用等多个环节，是对所有参与人员均严厉打击还是选择性地对部分作用较大的人员严厉打击，这是在办案初期的争议焦点。经过对在案证据的分析，部分人员虽然提前离职，但是对整个网站的运营有决定性的作用，上述人员应当严厉打击，而处于舆论焦点的翻译人员，由于其无营利目的，故对纯粹“为爱发电”的翻译人员均未处理。

最终检察机关在审查逮捕阶段制发《应当逮捕犯罪嫌疑人建议书》，对提前离场人员亦开展追捕工作，彰显检察机关对严厉制裁侵犯知识产权犯罪、严格保护知识产权的坚定决心。

四、组建专业化办案团队

本案专业性强，涉及专业信息技术。在案十四名被告人，证据多而杂，且涉及网络技术专业领域，作案手法也较隐蔽，其中涉及多个办案难点，比如未经著作权人许可认定、入罪途径认定等。故在上海市人民检察院的组织之下，虹口区检察院与上海市人民检察院第三分院成立联合专案组，组建专业化办案团队，定期开展公检法联席会议。本案的成功办理对侵犯影视作品著作权的案件有一定借鉴意义。

◆ 相关规定

《中华人民共和国刑法》第二十五条、第二十七条、第六十条、第二百一十七条

《中华人民共和国刑事诉讼法》第十五条、第一百七十六条

◆ 办案札记

××影视字幕组APP[①]，是一些网友用来观看海外影视剧的途径之一。字幕组曾是特别的存在：字幕组为一些网友提供了看剧的便利，然而这不能改变涉嫌犯罪的不争事实，更不应成为逃脱法律制裁的屏障。

2021年2月3日，市公安局召开新闻发布会，公布对××影视字幕组的查处情况，由于部分网民对案件真实情况不了解，一些网友开始质疑司法机关的做法。面对舆情，检察机关在“天理”“人情”“国法”之间努力寻求最佳的平衡，努力让每一名人民群众感受到公平正义。为此检察机关总结网络舆情，并进行分析应对，尽最大的努力把社会大众拉回法律事实面前。

一是精准打击，不殃池鱼。因为构成侵犯著作权罪的前提是以营利为目的，所以本案打击的全部是从中获利的××影视字幕组各个客户端的研发人员。无一涉及无营利的、纯粹“为爱发电”的字幕组翻译人员。

二是力求专业，组建专案。一开始拿到这个案子的

---

① APP是英文Application的简称，指智能手机的第三方应用程序，以下不另作提示。

时候，说实话是有点发怵的，因为涉及内容较为专业，在案十四名被告人几乎都是程序员，讯问过程中时不时蹦出流媒体、前端、压片等各种专业词汇，而我们作为办案人员，听不懂势必会造成案件的“办不好”，因此在办案之余，我们花大量时间去了解、熟悉一个我们从未涉猎的领域，同时成立联合专案组，组建专业化知产办案团队。因为只有我们真真正正做到全面、专业，才能将这个案件办完、办好、办透。

三是追捕漏犯、不枉不纵。用户在相关 APP 上进行点击，必须要经过流媒体技术人员将后台服务器上的内容进行链接，这样才可以保证视频的正常播放，但是公安机关在报捕阶段没有这样一个人存在，而且 ×× 影视字幕组系统客户端的开发人员也是存疑。为此检察机关通过多方证据，终于锁定了阳某某、胡某某二人，当下立即制发《应当逮捕犯罪嫌疑人建议书》，对上述二人进行追捕，彰显公诉机关对严厉制裁侵犯知识产权犯罪、严格保护知识产权的坚定决心。

四是引导侦查、突破关键。案件的事实一步步浮出水面，但最重要的入罪途径无法认定。整个字幕组 APP

的正常运营都是依托于后台服务器，该服务器内包含所有APP上可观看的视频、会员资料及收入证明，但是服务器不止一台，而且分布于全国各地，且一台重要服务器位于我国香港特别行政区我市公安机关无法查扣，而已查扣的服务器中众多信息都是加密的，但经过对在案证据的详细梳理、分析，及运用提审技巧加强对被告人讯问，终于在查扣的其中一台服务器上找到了解密的相关线索，最终获取了后台数据，又经过对数据的一一核对、去重，最终确认传播侵权作品部数达32824部、注册会员数量共计683万余人、非法经营额1269万余元。

随后虽然又遇到了种种困难，比如未经著作权人许可、违法所得、主观明知性、法律适用等，但我们都凭借过硬的业务素养对难点一一击破，最终查清所有犯罪事实。

该案虽然落下帷幕。但引起的反思是深刻的，普通大众对网络“免费午餐”的偏爱，以及对知识产权保护意识的薄弱，给侵权网站提供了生存空间，更重要的还是利益之争。侵权网站只考虑自身、网民、广告商的利益，却把著作权人的利益排除在外，这样的运作模式不利于影视行业的健康发展，只有反思和改变发展方式，我们才能以更好的姿态向世界展示开放的大门。

承办检察官：丁琢之
案例撰写人：马玮蔚

探索特色工作

以监督促监护，筑牢保护孩子的第一道防线

——探索创建未成年人监护监督制度

◆ 关键词

未成年人 监护监督 司法保护

◆ 工作情况

上海市虹口区人民检察院（以下简称虹口区检察院）主动对标新修订的《未成年人保护法》提出进一步强化国家责任、完善国家监护制度、明确检察机关诉讼外监督职责的更高要求，在随案开展亲职教育、联合区妇联组建亲职教育联盟配强专业支撑等工作的基础上，从监护干预的及时性、有效性、强制性三个方面跨前一步、主动担当，深入探索未成年人监护监督工作，并创建未成年人监护监督制度，以检察之力筑牢未成年人保护的第一道防线。

虹口区检察院对监护监督工作的探索，获得了理论

界、实务界的多方肯定与关注，被多家新闻媒体报道。创建监护监督制度的事例亦获评2021年度上海检察机关未检部门参与社会治理优秀案（事）例。

◆ 工作机制

一、聚焦“三类主体”，多元探索监护保护措施

一是聚焦涉案家庭，有效开展教育指导。虹口区检察院高度重视家庭环境对未成年人犯罪或遭受侵害的影响，依托专业力量对涉案未成年人及其家庭开展专业化教育指导，通过优化家庭环境，提升教育矫治和保护救助效果。2019年，虹口区检察院联合区妇联，聘请高校教授、儿童保护专家、资深心理咨询师等，成立家庭教育指导专家团队，通过开设专家讲坛、主题辅导课程、个别面谈等提升监护人家庭教育能力。二是聚焦困境儿童，及时开展关爱救助。虹口区检察院以在押人员未成年子女为重点，建立以预防犯罪、心理疏导、帮扶保护为主要内容的监护困境儿童关爱救助机制。与院内监所部门、街道社区等建立线索通报机制，全面排查在押人员未成年子女监护状况，及时掌握监护困境儿童线索；

与区公安、法院、司法行政机关建立协作机制，及时启动临时安置、司法救助等工作；与民政部门及社会组织建立转介机制，落实临时监护、心理疏导、临界预防等保护救助措施。如针对因父母涉罪在押而成为“事实孤儿”的姐弟，虹口区检察院积极协调公安、民政、教育等职能部门，为二人落实临时监护、落户、复学、综合救助等保护措施，切实解决生活困境。三是聚焦失职家长，分级开展监护监督。对在办案中发现的存在监护失职、监护侵害行为的监护人，委托第三方机构对其监护能力、意愿、状况进行综合评估，分级采取训诫教育、制发督促监护令、支持起诉撤销监护权等措施。如虹口区检察院在办理一起遗弃女婴案中，针对王某拒不履行监护职责情形恶劣的情况，及时立案监督追究其刑事责任，同时制发检察建议，督促市儿童临时看护中心向法院申请撤销王某的监护人资格。最终，法院判决指定市儿童福利院为女婴监护人。

二、会签“一个意见”，率先建立监护监督制度

一是充分调研，完善制度框架。新修订的未成年人保护法发展和完善了以家庭监护为基础，国家监护为兜

底的未成年人监护制度。为更好地将法律规定落到实处，虹口区检察院成立分管检察长牵头的专项研究小组，全面梳理国内外监护监督制度法律规范与实践操作、走访相关职能单位研商会谈、邀请多所高校专家学者进行多轮研讨论证，研究提出了未成年人监护监督制度框架，并以本市未成年人保护条例修订为契机，形成包括评估分级、组建监督员等八条建议，提交立法机关。二是会签意见，形成制度规范。在充分论证基础上，虹口区检察院与区法院、公安、民政、教育、妇联、团区委会签《关于加强虹口区未成年人监护监督工作的意见》（以下简称《意见》），明确各参与单位在工作中如发现监护人存在监护失职等问题，导致未成年人遭受或面临侵害时，应将线索移送区未成年人司法保护中心（以下简称保护中心），由保护中心对监护状况组织调查评估，并根据调查评估结果，采取提供生活照料、进行教育指导、设立监护监督员或申请撤销监护人资格等措施。《意见》还规定检察机关对监护监督工作进行全程监督，形成了“党委领导、部门联动、社团承接、检察监督”的未成年人监护监督工作机制。三是专业评估，规范分级流程。依托本市《未成年人家庭监护能力评估指南》，建立监护能力分级干预制度，将监护状况划分为“低、中、高”三个风险等级，并设置相应的处置措施。针对低风险对象，由居委会或民政部门安排生活照料及教育指导措施；针对中风险对象，指定监护监督员开展监督、指导和跟进评估，并将监护监督员意见作为对监护人进行惩戒的依据；针对高风险对象，依法启动撤销监护资格程序。

三、依托“三项机制”，健全完善工作协同平台

一是依托“一个中心”，构建工作落实链。2019 年，虹口区检察院推动区委政法委牵头整合 26 家未成年人保护职能部门力量，成立全市首家保护中心，为政法机关提供未成年人司法保护转介服务。2021 年，虹口区检察院又推动将未成年人监护监督职能纳入保护中心，由保护中心统一受理监护监督线索并组织开展调查评估。虹口区检察院还同步研发了未成年人保护微信小程序，建立跨部门线上协作平台，并面向社会公众设立线索举报模块与家庭教育指导申请通道，实现了监护监督线索“一键式”报告、“一门式”受理、“一站式”落实的工作闭环。

二是组建“一支队伍”，提升工作专业度。联合民政部门、群团组织，选聘多名居委儿童主任、社区青少年社工为首批监护监督员，对失职监护人开展监督、指导和跟进评估。针对一线工作人员普遍反映的“监督没有刚性依据”“监督职责不明确”等问题，进一步明确监护监督员的职责范围、权利义务，以及监护人拒不履行监护职责的处罚措施。三是搭建“一个平台”，促进工作协同性。协调各参与单位指定专人负责监护监督工作，并建立“未成年人监护监督工作联席会议”机制作为议事协调平台。保护中心受理监护监督工作线索后，由虹口区检察院负责召开联席会议，对相关线索进行专门研判、沟通协调和调查评估，从而全面提升工作效率。依托该平台，虹口区检察院还定期会同相关单位召开协调会，互通工作信息，以一线工作人员为触角，促进未成年人监护线索的及时发现和转介处置。

◆ 工作设想

在虹口区检察院的探索创新下，虹口区监护监督制度初步建立并取得一定的成效。下一步，虹口区检察院将从线索发现、制度完善、质效提升三个方面着手，推进监护监督制度落到实处，切实为区域内的未成年人提供更优质的司法保护。

一、多管齐下，畅通监护监督线索发现路径

一是聚焦“线索来源”，通过丰富多彩的法治宣传，让更多的公众知晓监护相关的法律规定、法律责任与重要意义，引导未成年人在遇到监护侵害、监护不当、监护缺失等问题时，想到且勇于进行求助；引导其他社会公众在发现未成年人遭遇监护相关问题时，主动进行报告、反映。二是聚焦“线索挖掘”，通过法治副校长进校园、定期与居委会儿童主任沟通联络等途径，从与未成年人最为相关的两个场所（学校、社区）入手，主动挖掘监护监督线索。三是聚焦“线索接收”，通过完善区未成年人司法保护中心实地场所与线上保护中心小程序，升级“线上 + 线下”线索接收平台。

二、深耕细作，开展监护监督制度探索创新

一方面，关注个案运用，在个案实践的基础上探索监护监督制度可进一步创新之处。通过全流程跟踪监护监督制度在个案中的运行、全方位评估监护监督工作开

展后的效果，及时发现制度可待完善之处，并对此展开进一步的探索，寻找切实可行的完善方案。另一方面，立足理论研究，在实证与理论研究的基础上完善监护监督制度。通过对区域内外的监护监督案例开展实证调查以及关注监护监督领域的新理念、新理论，开展深入调查与研究，探索创新监护监督制度。

三、凝聚力量，提升监护监督工作实际质效

一是充实更多监护监督员力量。一方面在首批监护监督员的基础上，进一步增聘第二批监护监督员，扩大监护监督员队伍；另一方面通过召开经验交流会、邀请专业人士进行培训等途径，提升监护监督员的履职能力。二是争取更多职能部门支持。通过保护中心联席会议、至相关职能部门走访联系等途径，主动了解相关职能部门工作中与监护监督相关内容、需求，并让更多的职能部门了解监护监督制度、参与到监护监督工作中。三是吸纳更多社会资源。如在调查评估后，引入更为专业的家庭教育指导师、心理咨询师等力量辅助监护监督工作开展。

◆ 工作札记

在办理涉未成年人案件的过程中，我们见过狠心将刚出生的孩子遗弃在医院的家长，也见过在管教孩子时情绪失控做出伤害孩子行为的家长；我们见过对孩子过分宠溺、一味纵容的家长，也见过对孩子成长丧失信心，索性撒手不管的家长；我们见过在发现孩子受到侵害后不知所措的家长，也见过将孩子受到侵害的原因归结于孩子的家长……

孩子的问题背后往往有家庭的原因，我们越发深切地感受到家庭监护对孩子的重要意义。家庭监护是守护孩子的第一道防线，这道防线一旦出现问题，孩子极有可能不能自护，陷于违法犯罪旋涡，受到不可逆转的伤害。对此，我们在办理涉未成年人案件时，会尤为关注涉案未成年人的家庭情况，找出他们的父母或其他监护人在履行监护职责过程中存在的问题，对症下药开展工作。如我们会从法律的角度对家长开展释法说理工作，告知其作为监护人的法定职责与义务；我们会委托专业的家庭教育指导师引导家长正确地开展家庭教育；我们还会设计相应主题的亲子课程，帮助家庭改善亲子关系……

希望通过我们的不懈努力，每个孩子都能拥有充满爱与温暖的家庭。

我们常常思考：除了随案开展家庭教育、引入专业力量提升教育指导实效以外，为了孩子，我们还能再做些什么？2021年6月1日，新修订的未成年人保护法正式施行，它进一步强化了国家责任、完善了国家监护制度，并且明确了检察机关诉讼外监督职责的更高要求。这也进一步明确了我们的方向与目标：立足法律监督职能，以监督促监护，积极探索未成年人监护监督工作，以检察之力加固未成年人保护的第一道防线。

2021年12月9日，监护监督工作研讨会在虹口区检察院举行。来自法院、公安、民政、教育等未成年人保护相关职能部门的领导与代表、来自学术理论界的大咖学者们齐聚一堂，对未成年人监护监督工作畅谈真知。在这次会议上，与会来宾的桌面上整齐地摆放着四份文件，分别是《关于加强虹口区未成年人监护监督工作的意见》《监护监督国内外法律法规摘编》《未成年人家庭监护能力评估指南》，以及《未成年人监护监督制度立法建议》。这四份文件见证了我们着手创新监护监督制度的难忘历程。

在明确探索创新监护监督工作的方向与目标后，我们一方面以实践问题为导向，对以往工作实践中的监护问题与监督监护工作进行全面梳理，找出了及时性、有效性、强制性三项亟待完善的焦点问题作为切入点。另一方面以先进理论与经验为基石，找出了国内外所有与监护监督相关的法律法规、理论研究、相关制度、实践经验，找寻其中的闪光点。此外，我们将理论与实践相结合，用理论闪光点破解实践焦点问题，草拟出了《意见》。在《意见》中，我们建立了分级评估制度，并且引入上海市《未成年人家庭监护能力评估指南》作为给监护人评估分级的标准；我们探索建立监护监督员队伍，并且明确其监督职责，以强化监护监督工作的刚性；我们将已经成熟运转的保护中心作为开展监护监督工作的有力流转平台……

令我们感动与备受鼓舞的是，我们所探索的监护监督工作得到了来自实务部门与理论学术界的大力支持。无论是在走访职能部门研商会谈还是在与专家学者开展论证分析的过程中，他们都将自己宝贵的想法倾囊相授，

提出颇为有益的见解与建议，帮助我们不断地充实与打磨监护监督工作。我们还与区法院、公安、民政、教育、妇联、团区委成功会签了《意见》，这畅通了工作壁垒，强化了责任落实，保障了监护监督机制规范、长效的运行，提升了监护监督的有效性。

为了让每个孩子都能在父母或其他监护人的有效到位的监护中健康成长，为了这份凝聚着思维火花的监护监督制度的效果得到进一步的扩大与延伸，我们以本市未成年人保护条例等相关法律法规正在起草、审议为契机，及时进行总结提炼，最终形成了未成年人监护监督立法建议，助推地方立法。

为了孩子，我们做得再多也不为过。在持续推进开展未成年人司法保护的过程中，我们深切地感受到未成年人保护工作永无止境。今后，我们将继续依法履职，主动担当作为，为筑牢未成年人家庭保护防线，持续贡献检察力量。国家监护长路漫漫，检察永不缺席。

事例撰写单位：上海市虹口区人民检察院未检办案组

方某某盗窃案

——以柔性执法“五大制度”，用心用情办好“小案”

◆ 关键词

老年人 司法保护 五大制度 心理疗愈

◆ 要旨

上海市虹口区人民检察院（以下简称虹口区检察院）在办理涉老案件过程中，积极贯彻落实“少捕慎诉”司法理念，细化落实本院制定的涉老案件办理中的强制辩护、“疗愈式”心理干预疏导、成年子女、亲属陪同见证等“五大制度”，探索符合老年人身心特点的柔性执法方式，切实保障涉案老年人诉讼权益，提升涉老司法保护实效。

◆ 基本案情

被不起诉人方某某（女，62周岁）自2020年10月至11月，多次至上海市某水果店内盗窃各类水果，盗

窃次数累计达 13 次，涉案金额共计人民币 1100 余元。

2020 年 11 月 12 日，被不起诉人方某某在住所被公安人员抓获。被不起诉人方某某到案后如实供述上述犯罪事实，且在家属的帮助下赔偿了被害人损失并获得谅解。

◆ 检察机关履职过程

2020 年 12 月 3 日，上海市公安局虹口分局将被不起诉人方某某涉嫌盗窃罪一案移送虹口区检察院审查批准逮捕。经审查，检察官认为被不起诉人方某某系老年人，犯罪情节轻微，不具有社会危险性，遂于同年 12 月 10 日作出不批准逮捕决定。2021 年 1 月 29 日，上海市公安局虹口分局将该案移送虹口区检察院审查起诉。检察官经审查后，认为被不起诉人方某某虽然实施了《中华人民共和国刑法》第二百六十四条规定的行为，但其系六十周岁以上的老年人，本次犯罪系初犯，且在该案中具有坦白情节，自愿认罪认罚，在案发后积极赔偿被害人并获得谅解，犯罪情节轻微，拟对其作出不起诉决定。2021 年 4 月 1 日，虹口区检察院对方某某盗窃案召开不起诉公开听证会，最终对方某某作出不起诉决定。

具体办案工作情况如下：

一是积极促成退赔退赃，落实少捕慎押。在审查批捕阶段，检察官发现被不起诉人方某某虽然盗窃水果的次数较多，但是整体犯罪金额并不大。检察官在对被不起诉人方某某的讯问中，详细了解了其家庭状况及经济收入情况，考量其退赔能力，征询其退赔意愿。之后，及时联系被不起诉人方某某的儿子胡某，促成被不起诉人家属帮助退赔退赃，弥补了被害人的经济损失，取得了被害人的谅解。基于此，检察官作出对被不起诉人方某某不批准逮捕的决定。

二是关注犯罪原因，开展心理“疗愈”。为明确方某某的犯罪原因，准确把握其犯罪心理及犯罪动机，检察官通过对方某某开展讯问，与方某某儿子胡某沟通交流，到方某某生活的社区居委进行走访等，了解到方某某与现任丈夫系二婚，丈夫有严重的糖尿病，二人开销平摊，关系较为紧张。方某某与丈夫、子女交流不多，社会交流亦较少，曾因投资 P2P① 理财损失全部存款，因此生活十分拮据，也因投资失败而背负很大的思想负担。检察

① P2P 金融指不同的网络节点之间的小额借贷交易，以下不再另作提示。

官为方某某制作了《涉案老年人心理测评谈话提纲》，完成了对方某某初步的心理测评，认为其心理压抑、焦虑等情绪均与其犯罪行为相关。为了帮助被不起诉人方某某调整心理问题，重新回归社会，预防再犯，检察官聘请了上海市老年人法律服务中心的心理咨询师来院，对被不起诉人方某某开展“疗愈式”心理干预与疏导。咨询结束后，心理咨询师认为方某某情绪压抑、焦虑，偷窃行为与其强烈的物质欲望有关，并针对其存在的心理问题有针对性地提出预防对策建议，取得了良好的效果。

三是运用柔性执法方式，保障诉讼权益。考虑到被不起诉人方某某的家庭情况，又鉴于其系老年人且未委托辩护人，检察官通知虹口区法律援助中心指派律师为方某某提供辩护，给予其法律帮助。除此之外，检察官还积极与方某某的成年儿子胡某沟通，联系其陪同提审并参与不起诉公开听证，不仅消除了方某某参与刑事诉讼过程的紧张感及思想顾虑，还有效保障了方某某的诉讼权益和刑事诉讼活动的顺利进行，在一定程度上也促使家属对方某某今后的生活更加关心并负起行为监督的义务。

四是引入多方参与听证，保障公开透明。为进一步提升司法公信力与透明度，虹口区检察院于2021年4月1日召开方某某盗窃一案的相对不起诉公开听证会，并邀请市人民监督员、区人大代表等3人担任听证员参与听证。方某某及其儿子胡某、方某某的法律援助律师、公安机关代表均到场，并充分发表了自身的意见。听证员针对方某某的犯罪原因及家庭状况等进行了提问，并对检察机关拟作出的不起诉决定一致表示赞同。检察官对方某某亦进行了训诫教育，并督促方某某的儿子胡某负起监督义务。胡某则表示今后会多关心老人，对老人多些法治教育，监督老人的行为。不诉决定宣布后，未发现被不起诉人有继续盗窃的行为。

◆ 典型意义

一、重视家庭背景调查，着力修复受损社会关系，真正实现对轻微刑事案件老年被不起诉人的少捕慎押

虹口区检察院在办理老年人案件过程中，不仅重视查清老年被不起诉人的犯罪事实、犯罪情节与犯罪原因，还特别注重对老年被不起诉人家庭背景、经济收入等情况的全面了解与调查。通过对家庭关系、经济状

况的调查，更加清晰地展现出老年被不起诉人的生活状态，甚至是实施犯罪的原因，也更容易从中找到抓手，修复因其犯罪行为所破坏的社会关系，进一步实现犯罪矫治与犯罪预防的目的。本案中，检察官了解到方某某虽然与丈夫的关系紧张，但对儿子仍然较为依赖，且儿子收入稳定，具有赔付能力，故而多次联系方某某的儿子，开展释法说理，从中撮合促成与被害人一方达成和解，不仅使受损的社会关系得以修复，也使老年被不起诉人不再处于长期羁押的状态，能够更早地回归社会与家庭，对日后的犯罪矫治与预防都起到了积极的作用。

二、重视犯罪心理研究，探索“疗愈式”心理干预疏导，真正实现对老年被不起诉人的行为矫治与犯罪预防

办理老年人案件要善于发掘行为背后的犯罪原因及犯罪心理。虹口区检察院基于“治病先治心”的理念，持续关注老年被不起诉人的精神与心理健康状况，希望通过对心理问题的干预与疏导，达到犯罪行为矫治的目的，从而预防再犯。检察官通过与被不起诉人面对面的沟通，制作《涉案老年人心理测评谈话提纲》，从人口学特征、关系特征、人格特征、情绪特征、生活意义感受“五个维度”对涉案老年被不起诉人的心理健康予以初步测评。在测评中若发现老年被不起诉人的心理问题与其犯罪行为相关，则适用“疗愈式”心理干预疏导制度，由检察机关聘请专业的心理咨询师对老年被不起诉人开展心理咨询，找到“心理”症结，对“症”下药，实现案结人和，达到社会效果、法律效果的有机统一。

三、充分运用“五大制度”，多维度保障诉讼权益，真正实现涉老案件办理过程中的司法温度与人文关怀

虹口区检察院在办理老年人案件中，将探索柔性执法方式、保障诉讼权益贯穿到案件办理的全过程。方某某盗窃一案的办理过程，充分体现出虹口区检察院涉老案件“五大制度”的适用。该案除了运用“疗愈式”心理干预疏导制度以外，还适用了强制辩护制度、成年子女陪同见证制度、羁押审查全程跟踪制度、快速移送审查起诉督促制度。各项老年人特殊司法保护制度环环相扣，组合出拳，无缝衔接，相互作用，全面提升了涉老案件的办理质效。

◆ 相关规定

《中华人民共和国刑法》第二百六十四条

《中华人民共和国刑事诉讼法》第十五条、第一百七十六条、第一百七十七条

《人民检察院刑事诉讼规则》第三百七十条

《人民检察院审查案件听证工作规定》

◆ 办案札记

究竟是什么原因让一位年过花甲的老人一而再再而三地盗窃水果？自案件受理之初，这个疑问就始终萦绕在检察官的脑海中。老年人案件的办理，不能只关注对老年人行为的法律评价，更要重视老年人行为背后的犯罪心理问题，如果缺乏对犯罪人的基本关心，案件办理则无法实现良好的社会效果。

方某某的案例仅是我院在涉老案件办理过程中积极落实柔性执法“五大制度”的有效实践之一。该项制度实施一年多来，虹口区检察院先后通过区法律援助中心为 30 多名涉案老年被不起诉人、被害人指派法援律师，提供法律帮助；联系 20 余名涉案老年人成年子女参与到不起诉公开听证等诉讼环节参与见证；对6名涉罪老年人开展心理测评，对其中3名开展“一对一”心理干预疏导并建档回访，开展老年犯罪心理实证研究；对2名突发重疾的在押老年人变更强制措施等，成效显著，实现了对涉案老年人诉讼权益的全面、全程、全方位的保障，形成了可复制可推广的“虹口经验”。虹口区检察院对涉案老年人心理疗愈的探索做法也被多家媒体予以报道。

案子办结了，但我们的工作却并未止步。我们把案件办理经验成效撰写成典型案例，登载在上海市人民检察院第一检察部《普通犯罪检察工作情况》涉老年人工作专刊中，供全市检察机关借鉴学习。

今后，我们将继续深入贯彻《中共中央　国务院关于加强新时代老龄工作的意见》精神，进一步将老年人司法保护同四大检察有机结合，在办案中求极致，在监督中铸品牌，助力构建幸福“夕阳红”的虹口格局，提升广大老年人的获得感、幸福感、安全感。

承办检察官：段辉

案例撰写人：段辉、万星

行政检察参与“美丽家园”治理

——推广行政检察法律意见书，助力区域“美丽家园”建设

◆ 关键词

美丽家园 住宅楼道 违章搭建 电动车充电 行政检察法律意见书

◆ 要旨

针对住宅小区楼道内违章搭建、占用公共空间堆物、电动车“进楼入户”“飞线充电”等突出问题，基层行政执法面临职责范围不明、边界不清、法律法规纷繁复杂等问题，通过制发行政检察法律意见书，梳理监管依据，为行政执法提供法律指引，支持和促进依法行政、依法治理，助力区域“美丽家园”建设。

◆ 基本案情

住宅小区是市民群众生活的基本场所，是城市管理

的基础单元，也是社会治理的重要领域。自2018年上海市启动“美丽家园”建设以来，上海市、区两级努力实现“美丽家园”建设全覆盖，推动形成“党委牵头、政府监管、市场服务、社会参与、居民自治、法治保障”六位一体、良性互动的住宅小区综合治理格局，小区运行安全水平和居住环境品质显著提升。

上海市虹口区人民政府广中路街道（以下简称广中路街道）某地块在推进“美丽家园”工程中发现住宅小区楼道违章搭建现象较为严重，近800户居民中有252户居民私自占用公共楼道安装防盗门，部分楼层有停放电动车并存在“飞线充电”的突出问题，存在极大的消防和公共安全隐患，为配合“美丽家园”建设，亟须进行整改清理，经与广中路街道办事处进行工作会商，上海市虹口区人民检察院（以下简称虹口区检察院）以行政检察法律意见书的方式，就相关法律法规和规范性文件进行梳理汇总，明确住宅小区违章搭建、占用公共空间堆物、电动车“进楼入户”“飞线充电”等突出问题的监管依据，为行政执法提供法律指引，支持和促进依法行政、依法治理，为安全有序、整洁舒

适、环境宜居、幸福和谐的“美丽家园”建设贡献检察智慧。

◆ 检察机关履职过程

2021年5月下旬，虹口区检察院党组成员、副检察长赴广中路街道调研走访。广中路街道向虹口区检察院介绍了某地块在推进“美丽家园”工程中存在的相关问题，并期待双方在“美丽家园”建设过程中复制规模性租赁专项治理的“样板”经验，共同打造安全美丽宜居的街道。

2021年6月上旬，在广中路街道相关负责人的陪同下，虹口区检察院第五检察部至该地块住宅小区内部进行实地走访调查，并针对广中路街道提供的前期执法过程中拍摄的200余张照片进行梳理发现，该地块在推进“美丽家园”工程中主要存在以下两类问题：一是住宅小区楼道违章搭建、堆放杂物存在公共安全隐患。该地块内的住宅小区，共4幢大楼，每幢25层，每层8户，共约800户。因房屋结构设计，呈左右镜像对称布置，其中每层的03室和04室、05室和06室因构造关系，相邻两户的业主通过安装防盗铁门占用一块约2平方米至3平方米的公共空间及一扇走道通风窗。部分居民在公共楼道私接水管安装水池，在楼道堆放家具、电器或者其他生活物品。一旦发生地震、火灾等事故时，将影响他人的逃生，存在极大的安全隐患。二是住宅小区楼道存在严重的消防安全隐患。一方面，大楼内部居民占用公共走道、楼梯间、安全出口等公共区域堆放杂物的情况较为普遍。杂物多为木制柜、纸箱、棉织品等可燃物，存放时间久，稍遇明火极易引起火灾。另一方面，依然存在电动车违规停放、充电的现象。尽管小区设有非机动车集中停放和充电场所，在楼道内也张贴了关于电动车停放、充电安全规范的《温馨提示》，但由于小区内非机动车集中充电装置有限，居民安全防范意识不强，大楼内共用走道、楼梯间、安全出口处等公共区域停放电动车以及为电动车充电的违法情况仍然存在。

2021年6月下旬，虹口区检察院第五检察部针对住宅小区楼道内存在的上述违章问题，向广中路街道制发了《关于依法开展住宅小区楼道违章治理检察法律意见书》及《住宅小区楼道违章治理相关法律法规及规范性

文件汇编》，就相关法律法规和规范性文件进行梳理汇总，明确住宅小区违章搭建、占用公共空间堆物、电动车“进楼入户”“飞线充电”等突出问题的责任主体及监管依据，为推动“美丽家园”建设助力保障。

◆ 典型意义

社区治理是城市管理中最基础的一环，直接与普通居民的生活息息相关，如电梯安全、环境绿化、供水供电、垃圾分类、楼道消防等，这也往往是行政管理的难点和堵点。对于一些看似是“小事”的问题，基层行政执法却经常面临行政执法的职责范围不明、边界不清，法律法规纷繁复杂等“大问题”。虹口区检察院第五检察部立足行政检察职能和城市发展大局，找准检察工作服务和保障城市发展的结合点、切入点和着力点，积极参与城市治理与社会治理，坚持“在支持中监督、在监督中支持”理念，为城市协调、可持续发展提供强有力的司法保障。

一、落实能动检察工作理念，创设行政检察法律意见书为区域法治建设贡献检察智慧

虹口区检察院将能动检察的理念融入行政检察工作

中，当好党委政府的法治参谋，以更优的检察供给满足人民需求，共同打造和谐宜居的品质城区。2020年，在特殊时期，针对规模性租赁这一工作的堵点和风险点，虹口区检察院充分发挥法律专业优势，创新行政检察工作方式方法，以检察力量为行政执法提供支撑。制发行政法律意见书，逐条梳理行政监管执法依据，提出针对性的检察法律意见，向相关行政执法部门、街道制发《关于依法开展规模性租赁专项治理的检察法律意见书》，为行政机关依法履职提供执法依据和决策参考。针对规模性租赁治理涉及面广、法律法规纷繁复杂的特点，汇总相关领域的法律法规，针对行政机关和企业的不同需求量身打造，形成《规模性租赁专项治理法律法规及规范性文件汇总（行政版）》《上海城市房地产管理相关法律法规汇编（企业版）》，送交行政执法部门、街道和企业，为依法治理提供法律指引，受到广泛好评。创设行政检察法律意见书是“做实行政检察工作”的重要举措，也为虹口区高质量发展、高品质生活、高效能治理贡献了检察智慧，该工作得到了上海市人民检察院和虹口区委领导的批示肯定。

二、聚焦城市更新重点领域，持续为打造虹口善治城区目标助力保障

除规模性租赁整治工作外，虹口区检察院继续将行政检察法律意见书的工作模式延伸到了城市更新领域，比如开展住宅小区楼道违章治理，打造宜居环境。“美丽家园”建设是城市更新的重要内容，2021 年，虹口区某地块在推进“美丽家园”工程中发现住宅小区楼道违章搭建现象较为严重，近四分之一的居民私自占用公共楼道安装防盗门，部分楼层有停放电动车并存在“飞线充电”的突出问题，存在极大的消防和公共安全隐患，经与广中路街道进行工作会商，虹口区检察院向该街道制发《关于依法开展住宅小区楼道违章治理检察法律意见书》及《住宅小区楼道违章治理相关法律法规及规范性文件汇编》。通过发布行政检察法律意见书这一柔性司法方式，以检察视角提出治理方案，供党委、人大、政府决策参考。

◆ 相关规定

《上海市建设管理委、住房保障房屋管理局关于加强

本市住宅小区综合治理工作的意见》

《上海市住宅物业管理规定》

《上海市消防条例》

《上海市住宅物业消防安全管理办法》

《上海市城市管理综合行政执法条例》

《公安部关于规范电动车停放充电加强火灾防范的通告》

◆ 办案札记

住宅楼道内堆放废旧纸箱、木质家具、生活垃圾，居民自行安装防盗门、私拉线路给电动车充电，如果这些现象发生在我们居住的楼道内，一旦发生火情，我们如何脱身？全国因楼道堆物、电动车入户充电引发的重大火灾事件常让人触目惊心。

上海作为一个超大型城市，居民的居住空间小、密度大、人口多，因楼道内各类违章行为引发的后果更是让人担忧。2021 年 6 月，广中路街道某地块在推进“美丽家园”工程中就遇到了这样棘手的难题：一方面，该地块近 800 户居民中有 252 户居民私自占用楼道安装防盗门，部分楼层违规停放电动车，并“飞线充电”，楼道

中乱堆的杂物随处可见，经居委会、物业和相关部门多次劝导，均未整改到位。另一方面，上述问题涉及多个行政部门之间权责交叉，法律规定纷繁复杂，如何让各责任主体各司其责，广中路街道感到很难推进。

街道想到向检察机关行政检察部门“借力”。因为早在2020年，我院针对本区规模性租赁的监管难点，创设了行政检察法律意见书和法律法规汇编供街道、行政机关和企业参考，被最高检作为典型案例向全国推广。广中路街道也曾经收到过我们制发的行政检察法律意见书，这个经验促使他们想到可以移植到“美丽家园”工程推进之中。

2021年6月，我们检察官到该地块住宅小区内部进行实地走访调查，发现主要存在两类问题：一是住宅小区楼道违章搭建、堆放杂物的安全隐患。小区因房屋结构设计，呈左右对称布置，其中每层的03室和04室、05室和06室，相邻两户的业主通过安装防盗门占用一块约2平方米至3平方米的公共空间及一扇走道通风窗。部分居民在公共楼道私接水管安装水池，在楼道堆放废弃纸箱、木质家具及其他生活物品，存在极大的安全隐患。二是住宅小区楼道存在电动车充电的安全隐患。尽管小区设有非机动车集中停放和充电场所，在楼道内也张贴了安全提示，但由于集中充电装置有限，居民安全防范意识不强，大楼内随意停放电动车、“飞线充电”的违法情况仍然存在。

针对上述问题，检察官进行了深入的法律研判，梳理法律法规14部，向广中路街道制发了《关于依法开展住宅小区楼道违章治理检察法律意见书》以及相关法律法规及规范性文件汇编，明确住宅小区违章搭建、占用公共空间堆物、电动车“进楼停放”“飞线充电”等问题的责任主体及监管依据，为行政执法监管提供法律指引，为“美丽家园”建设贡献检察智慧。收到意见书和法律法规汇编后，广中路街道有序推进楼道整治、“美丽家园”建设更有底气了，我们的工作也受到了广中路街道的好评。目前该地块全部楼层已清理完毕。街道在做好释法说理的基础上，积极扩建公共充电位，满足居民的实际需求。

作为检察机关为民办实事的项目之一，这项工作经“上海检察”微信公众号发布，引起了一定的社会关注。

江苏省太仓市人民检察院看到后，主动与我们联系，学习我院助力区域法治建设，推行行政检察法律意见书的模式。近年来随着检察机关职能的不断拓展，作为“四大检察”之一的行政检察，除传统的诉讼监督职能外，越来越重视积极参与社会治理工作。“人民城市人民建，人民城市为人民”，人民城市的建设，需要检察机关的助力和保障。行政检察也当仁不让，我们将借助区委全面依法治区委员会设立行政检察协调小组这一契机，贯彻落实依法能动检察理念，用好行政检察法律意见书这一“法治参考书”，为区域社会治理提供更多可复制可推广的“虹口样本”。

承办检察官：刘强
案例撰写人：刘强、张浏清

图书在版编目（CIP）数据

检察官新时代新担当新作为优秀案（事）例选编．2021 / 孙军主编．—北京：中国法制出版社，2022.12

ISBN 978-7-5216-3231-6

Ⅰ．①检… Ⅱ．①孙… Ⅲ．①检察机关-工作-案例-虹口区 Ⅳ．①D926.32

中国版本图书馆 CIP 数据核字（2022）第 255244 号

策划编辑/责任编辑：吕静云　　封面设计：杨鑫宇

检察官新时代新担当新作为优秀案（事）例选编．2021

JIANCHAGUAN XIN SHIDAI XIN DANDANG XIN ZUOWEI YOUXIU AN（SHI）LI XUANBIAN. 2021

主编/孙军

经销/新华书店

印刷/北京虎彩文化传播有限公司

开本/880 毫米×1230 毫米　32 开　　印张/7.5　字数/86 千

版次/2022 年 12 月第 1 版　　2022 年 12 月第 1 次印刷

中国法制出版社出版

书号 ISBN 978-7-5216-3231-6　　定价：65.00 元

北京市西城区西便门西里甲 16 号西便门办公区

邮政编码：100053　　传真：010-63141600

网址：http：//www.zgfzs.com　　编辑部电话：010-63141781

市场营销部电话：010-63141612　　印务部电话：010-63141606

（如有印装质量问题，请与本社印务部联系。）